うまく「聞ける人」と「聞けていない人」の習慣

The Power of Habits
Will Change Your Life.

The Listening Method for
Getting along with anyone
-55 Habits to Brighten Your Life-

ENAKO
YAMAMOTO
山本衣奈子

はじめに

▼話のリード権は聞き手が持っている

「会話を引っ張っているのは話し手でしょう」

「話し手のテクニック次第で会話の質は決まるよね」

そんな風に感じている人は多いのではないでしょうか。


確かに、会話においてより目立つのは話し手ですし、話の内容の中心になっているのも話し手であるのは事実でしょう。

そこに間違いはないですが、いざ話すとなると、話し手は思っている以上に聞き手からの影響を受けているのです。


たとえば、面白いことがあって、それを教えてあげたいと話し始めたとしましょう。

けれども、聞く方の反応もリアクションも薄く、表面上だけとりあえずという雰囲気で「へー、よかったね」なんて言っているように感じたらどうでしょうか。

最初は楽しい気分で勢いよく話し始めていたとしても、聞き手の反応の冷たさに、盛り上がっていた気分も下がり、話す気自体も失せていくかもしれません。最後まで話し切る前に「まぁもういいや」とやめてしまうなんてこともあり得ます。

話し手がどれだけ濃く話すかは、実は聞き手次第なのです。

聞き手のあり方が、話し手の話し方を変えると言えます。

話し手が気持ちよく楽しく話せるのは、話し手のスキルが高いからというより、相手がとてもよい聞き手であるからなのです。

ところがどちらかというと、「話し方」や「伝え方」ばかりに気がいって、「聞き方」は後回しにされがちです。

もちろん、聞きやすい話し方や、分かりやすい伝え方も重要なポイントであることは確かですが、先にお伝えしたように、まずは「聞く」が土台となります。

・**会話がうまく弾まない**
・**なかなか本音で話してくれない**
・**こちらの話をちゃんと聞いてもらえない**
・**いつまでたっても壁や隔たりのようなものがなくならない**

コミュニケーションにおいてこんな悩みを抱えているとしたら、まずは「聞き方」を見直してみませんか。

あなたがもっと聞けるようになり、よい聞き手になるほど、相手が心を開き、もっと近く、もっと深く、会話がさらに楽しいものになっていきます。

「聞き方」を整えた上で、「話し方」の要素を加えていけば、相手とより一歩進んだ関係性を築いていくこともそんなに難しいことではなくなるはずです。

▼コミュニケーション力が高い人は〝聞き上手〟

私は講師として15年以上、様々な企業や団体向けにコミュニケーションの講演・研修を行ってきました。より気持ちのよいコミュニケーションの実現のために、〝伝える〟〝聞く〟力の磨き方をお伝えしています。

また、カウンセラーやMCとして、個人の相談に乗ったり、著名人やスポーツ選手などの話を聞いたり引き出したりする役割を担当することも多くあります。

講演や研修などでは人前で話す機会が多いのですが、「聴講者の状態によって〝話しやすさ〟が大きく違う」と肌で感じることがよくあります。

よく笑ってくれたり頷いてくれたり、「聞いてくれている」ことが伝わってくるような現場だと、こちらも自然と乗ってきて、場合によっては予定していなかった〝ここだけの話〟や〝プラスアルファの情報〟が増えることもあります。

逆に、あまりにも反応が薄かったり、「聞いてくれていない」と感じたりするような現場だと、そこにいるのに相手がとても遠く感じられ、普段噛まないようなところで噛んだりするといったことが起こったりします。

だからこそ、自分が聞き手になる場合には、努めて〝聞く力〟を発揮することを意識して、相手が話しやすい状態を作るようにしています。

実際、私がこれまでにお会いしてきた方々の中で、特にコミュニケーション力が高いと言われているような人たちは、もれなく〝聞き上手〟でした。

話し方や組み立てのスキルももちろん高いのですが、それ以上に、彼らと話していると楽しいと感じられるのは、こちらの話に興味を持って聞いてくれて、引き出してくれて、その上で自分の話を語ってくれるからなのです。

「聞き手」の影響力は思っている以上に強いのです。

コミュニケーションの鍵は「聞き手」が握っていると言っても過言ではありません。

本書には、円滑な人間関係を育み、コミュニケーションを楽しんでいる人たちがしている「聞き方」の習慣をまとめました。

表面上のテクニックだけではなかなかうまくいかないことも、土台となる考え方を見直すと大きく変わることがたくさんあります。納得して実践していただけるよう、根拠や具体例なども盛り込みました。

「聞く」ことと「聞けている」ことは、同じようで異なります。

コミュニケーションを支えているのは、「ちゃんと聞いているか」ということ以上に「きちんと聞けているか」です。

今ある「聞く力」を「聞ける力」に高めて、よりよい人付き合いを実現させていきましょう！

本書を通して、よりよい聞き手になるためのヒントを掴んでいただき、あなたの大切な人をもっと大切にするお手伝いができたら嬉しく思います。

それでは、どうぞ最後までお付き合いいただければ幸いです。

山本衣奈子

目次

第２章　相手が心を開くリアクション

第3章 距離が縮まる聞き方

第4章　話の盛り上げ方

第5章 仕事・人間関係がうまくいく秘訣

第1章

聞き方の基本

01

うまく聞ける人は「聞くこと」を大切にし、聞けていない人は「話すこと」を大切にする。

息を吐くためには、まず吸うことが必要です。

会話も呼吸と同じで、吐く（話す）ことと、吸う（聞く）ことを繰り返して成立します。つまり、きちんと話すためには、まずしっかり聞くことが大切です。

会話が空回りしてしまう人の共通点として「相手の話が聞けていない」ということがあります。自分の言いたいことを考えるだけで頭がいっぱいになり、相手を無視して一人で突っ走ってしまうのです。

これではどんなに〝話し方〟がうまくても、相手は付いてこられず、コミュニケーションを楽しむことができなくなってしまいます。

「言い得て妙」という言葉があります。

「ピッタリの表現」「的確な言い回し」ということを表す言葉ですが、「ピッタリ」「的確」という言葉が誰にとってのものなのかと言えば、当然ながら「聞き手」です。

「まさに私もそう思っていた」「私が言いたかったのはまさしくそれと同じこと」という気持ちがあるからこそ、「言い得て妙」だと感じるわけです。

つまり、うまく話せる人とは、相手の気持ちを汲みながら、共感が生まれるように話せる人、ということができます。

相手の話をきちんと聞かずして、相手の気持ちを汲むことなど不可能です。

だからこそ、うまく聞ける人は、話すこと以上に聞くことを大事にしています。

相手に寄り添うその姿勢が、距離感を縮めることにつながるため、コミュニケーションも気持ちよくできるようになっていくのです。

そう考えると、「聞く」ことによって受け取りたいのは、言葉以上に心だといえます。

私はこれを、「言葉を聞く」ではなく「心を聞く」と表現しています。相手の言葉の少し奥に手を伸ばすようなイメージです。

たとえば、相手が「これはあまり好きじゃない」と言ったとしましょう。言葉通りにそのまま受け取ることもできますが、もう一歩踏み込んで考えてみることも可能ですよね。

・なぜ「嫌い」「苦手」ではなく「好きじゃない」を選んだのだろう
・「これ〝は〟」ということは、似ているけれど好きなものもあるのかもしれない
・この人にとって「あまり」とはどのくらいのイメージなのだろう

たくさんある言葉の中で、その言い方を選んだ理由やポイントが相手の中にはきっとあるはずです。

少し視野を広げてそこに手を伸ばしてみる、これが〝興味を持つ〟ということです。

興味があると相手の話をもっと聞きたくなり、態度にも表れていきます。

誰だって、**自分にしか興味がなさそうな人より、こちらに興味を持ってくれる人に話したい**と思いますよね。さらには、興味を持ってくれるその人に興味が湧いて、その人の話

も聞きたいと思うようになります。

だから、聞き上手な人ほど、話を聞いてもらいやすいのです。

とある表彰の場にお招きいただいたとき、社長が賞状を読み上げていたのですが、すべての文面が違っていて、「以下同文」ではなくその人個人に向けたメッセージが込められていました。

どんなにか手間がかかったことでしょう。それをもらった人は本当に嬉しそうで、「私のこと本当によく見てくれていて、話を聞いて覚えてくれているんです」「だから私、あの社長のスピーチだけは一度も寝たことないんですよ」とこっそり教えてくれました。

相手を大事にすることは、相手に大事にしてもらえること。

自分の話を聞いてほしいなら、まず相手の話をしっかり丁寧に聞きましょう！

01 うまく聞ける人は話すより聞く！

02

うまく聞ける人は「相手の話」に集中し、聞けていない人は「次に何を言うか」を考える。

「ねぇ、聞いてるの？」と言われた経験はありませんか？

〝聞く〟と〝聴く〟は、同じようで少し異なります。〝聞く〟は「音」を聞いており、〝聴く〟は「心」を聴いています。「ただ聞く」と「意識を持って聴く」の違いと言えます。**相手の話から受け取りたいのは音ではなく心。〝聴く〟意識がとても大切です。**

ただ、本気で〝聴く〟ことを実現しようと思ったら、相当の覚悟と意識が必要です。というのも、私たちはつい聴いているつもりになることが多いからです。

以前、坐禅の体験をしたときのことです。

僧侶の方に教えてもらった通りに、静かな畳の部屋で胡座になり目を閉じました。「呼吸に集中して、頭を空にしましょう」と言われたので、そうしようとしたのですが、（頭を空に、頭を空に……）と一生懸命考えている時点で、空になどなりません。

つい色んなことを考えてしまって、結局私の頭の中は、終始相当やかましいまま終了しました。終わったあとに僧侶の方にそれを伝えたところ、それが自然なことで、だからこそ訓練が必要なのだとおっしゃっていました。

私たちの思考というのは、放っておくとあっちこっちへ好き勝手に飛び回ります。だから、人の話を聞きながらも、まったく関係のないことや違うことを考えてしまうことがよく起こります。

特に多いのが、「次に自分が何を言うか」を一生懸命考えてしまうパターンです。話す前に頭の中を整理するのは大切ですが、**相手が話している間に考えていると、頭の中に相手の話が入ってくるスペースがなく、まったく聴いていない状態になってしまいます。**

「聴く」と「考える」は同時にできません。

これは「読む」も同じですね。

試しに、一週間前に何をしていたかを思い出しながら読み進めてみてください。

おそらく多くの方が、一週間前が何日で何曜日だったかを考えるために、一旦本から目を離し、カレンダーや手帳に目と意識を向けたのではないでしょうか。


人が一度に行えることは基本的に一つだけです。

もちろん「ながら聞き」ができないわけではありません。でも、「ながら聞き」はただ音が耳に入っているだけで、内容をしっかり聴いているわけではないですよね。

「聞き流す」「聞き過ごす」なんて言葉があるように、意識していないと言葉もただの音として耳を素通りしてしまいます。意識してしっかり拾わない限り、言葉は「聞き捨てている」ことが多くなってしまうのです。


「聴く」ことが簡単ではないことを意識しているからこそ、うまく聞ける人は相手の話への集中力をしっかり保つことを意識しています。

意識が離れてしまうこともときにはありますが、そうなっても早い段階でそんな自分に気付き、聴く姿勢を正します。その分、相手の言ったことを理解し記憶できていることが多く、相手に喜ばれ関係性も深まっていくのです。

聴いたフリをしてその場を誤魔化したところで、聴いていないことに変わりはありません。それが繰り返されれば、そのうち相手は、話すことだけでなく、あなたに関わることも諦めてしまうかもしれません。

自分が話すときになってから、ゆっくり丁寧に整理して話してもいいのです。会話のテンポを上げるよりも、今目の前にいる人に心から向き合うことを、もう少しだけ大事にしてみませんか。

02 うまく聞ける人はしっかり集中する！

03

うまく聞ける人は自分から話しかけ、聞けていない人は話しかけてくれるのを待つ。

相手の話を聞くのが「聞く力」です。

つまり、「聞く」には相手が話してくれることが必須であり、相手が話し始めることで聞くことができるということですよね。

ということは、相手が話し始めなければ、聞けないということにもなります。

誰しもできれば、話したくもない相手に、こちらから積極的に話し始めたりしたくないものです。

「あの人には話したくないのだけれど、仕事だから仕方ない」そんな言葉もよく耳にします。業務上必要だからしぶしぶ、そういう発信もあるものです。

それはつまり、そもそも会話が始まるかどうかということ自体が、聞き手によるということですよね。

聞ける人がたくさんの人の話を聞くことができているのは、会話が始まる前から〝話しやすさ〟をつくり出しているからなのです。

具体的にいうと、聞き手に徹してただ話しかけてくれるのを待っているのではなく、自ら話しかけていきます。

それも、**自分の話を聞いてもらうためではなく、相手の話を聞くために話しかけているのです。**

とはいえ、特に初対面であったりよく知らない間柄であったりしたら、急に「あなたのことを聞きたいです」と近づいたところで、警戒されてしまうだけです。

〝話しやすさ〟とは〝安心感〟でもあります。

そして、安心感をつくり出していくのは、その人が持っている雰囲気ももちろんながら、共感や共通点といった要素も大きく関わってきます。同学年であるしか、出身地が同じといったような、共通点が多い人ほど親近感を抱きやすいものです。

とはいえ、いきなり「同じですね！」と入っていくのも、これまた警戒心につながることがあるのでおすすめできません。

近づくために無理やり共通点を捻り出しているのではないかと、勘ぐられてしまうのも残念なことです。

邪な目的であるなら論外ですが、そうでないなら、そんな風に誤解させない配慮も必要です。そのために、うまく聞ける人は〝無理やりの共通点〟ではなく**〝共感できる事実〟**を大切にしています。

たとえば、人が大勢いるパーティーの場なら、「豪華な飾り付けですね」「すごい人数ですね」といった〝状況〟。営業先へプレゼンに向かう場なら、「緊張してきましたね」「今日を乗り切ったら一安心できますね」といった〝状態〟。初めて食事をともにする場なら、「美味しそうですね」「思ったより辛くないですね」といった〝感想〟などを先に伝えることで、自然な共感につながります。

その上で、適度に質問しながら、相手の話を聞く姿勢になっていくのです。

「聞くよ！」と構えて待っているのではなく、話しやすい道筋をつくってから聞く姿勢を整えていくイメージです。

以前、威圧感があってどうにも近寄りがたい雰囲気の上司がおり、なんとなく避けていたところ、報連相が少々滞ってしまったことがあります。

そのとき、「こっちはなんでも聞いてやると言っているのに、なんでそっちからちゃんと話してこないんだ！」と怒られてしまいました。報連相が大事だということはよく分かっていたつもりでしたし、それを軽視していたわけではありません。でも、「聞いてやる」なんて思っている人に、話しかけたくなんかなかったのも事実です。

聞くことができるのは、相手が話してくれるから。しっかり聞ける人間であるためにも、相手から話したいと思ってもらえるような存在になることから始めたいですね。

03
うまく聞ける人は自分から話しかける！

04

うまく聞ける人は聞いてもらったことを忘れず、聞けていない人はただ話を聞いてもらいたがる。

「自分の話は聞いてもらいたがるのに、相手の話は聞いていない」

そんな人がいたら、あなたはどう思いますか？

あまりいい気持ちはしないのではないでしょうか。「そっちがそうなら、こちらもそうする」なんて気持ちが生まれる方もいるかもしれませんね。

人は基本的に「話すことが好き」であると言われています。

だからこそ、「自分の話を聞いてくれる人が好き」ですし、「好ましく思う人の話だから聞く」につながっていくのです。

つまり、**自分の話を聞いてもらいたいならなおさら、相手の話をきちんと聞くことが大**

切です。自分がちゃんと聞くからこそ、相手にもちゃんと聞いてもらうことができます。

その前提を踏まえて、うまく聞ける人は、自分の話をしながらも、相手の話を聞く姿勢を大事にしています。

さらに聞ける人はそれだけでなく、自分がそれを実践し、聞くことの価値を感じているからこそ、たとえひとときでも相手に聞いてもらったことをも忘れずにいます。

相手が聞いてくれたこと、受け止めてくれたことへの感謝を自らの聞く姿勢に反映させ、より丁寧に聞いていくのです。

逆に聞けていない人は、相手にしてもらったことは忘れ、自分がしてあげたことばかり覚えていることが多い傾向があります。

相手に聞いてもらったことはすっかり忘れ、つねに「あのとき私は聞いてあげたんだから、今度は私の番」とばかりに、相手に聞くことを一方的かつ過度に期待したり強要したりしてしまいます。

そんな状態ですから、居心地の悪い雰囲気を生み出していくことが少なくありません。

その上聞けていない人は、自分が聞きたくない言葉やアドバイスには拒否反応を起こし、「そんなことを言ってほしかったんじゃない」などと切り捨ててしまっていたりします。

これでは相手も不快になるでしょうし、腹を立ててますます話を聞いてくれなくなりますよね。

コミュニケーションは持ちつ持たれつで成り立つものです。

優劣で行うものでも、どちらか一方の強制力や我慢の上に成立するものでもありません。「こちらが聞くから相手も聞く」「こちらが話すから相手も話す」、そのバランスが心地よくとれているときに、コミュニケーションを通してよい関係が生まれていきます。

そういう意識があるかないかは、言葉にそのまま表れやすいものです。してもらったことを忘れず、コミュニケーションのバランスを大事にしている人は、

「聞いてくれてありがとう」「こちらばかりが話してしまってごめん」

といった一言を添えています。

さらには、次に会ったときにもそれを覚えていて、「今日はあなたの話を聞きたい」「今回はあなたの話を聞く日にしよう」と振ってくれたりするのです。

自分の話もしっかり話してくれるし、こちらの話もちゃんと聞こうとしてくれる、その姿勢が伝わってくるので、自分もそうしようと自然に思えます。

その結果、無理のない、対等な関係が続いていくのです。

みんなどちらかというと話を聞いてほしいと思っているものだからこそ、**聞いてくれるということは本当にありがたいことなのです。**

聞いてもらったことを、当たり前だと思わずに、聞いてもらったのであれば、そして聞いてもらいたいのであれば、まずはどう話すかよりも、どう聞くかを考えてみませんか。

04 うまく聞ける人はしてもらったことを忘れない!

第2章

相手が心を開くリアクション

05

うまく聞ける人は全身を相手に向けて、聞けていない人は耳だけで聞く。

あなたは話を聞くときに、どんな姿勢を心がけていますか？

話し方やスピーチのトレーニングでは、必ずと言っていいほど〝姿勢〟の話が出てきます。堂々とした姿勢、落ち着きのある姿勢で話した方が、声も通りやすくなるし、安定感や自信を感じられるからです。

ところが、聞き方になると、姿勢そのものよりも、頷きや相槌、質問の仕方、座る位置などが取り上げられることが多いようです。

確かにそれも聞き方の大事なポイントではありますが、その前にまず〝姿勢を整える〟ことが、聞き方でも大切です。

たとえば、あなたが話しているときに、聞き手がこんな姿勢だったらどう感じるでしょうか。

・書類やパソコンから目を離さずに聞いている
・ちょくちょく入ってくるスマホのメッセージを気にしながら聞いている
・頬杖をついて、グラスの水滴で机に絵を描きながら聞いている

どんなに頷きながら相槌を打ってくれていたとしても、これではいい気はしないですし、「聞いてくれている」とは感じにくいですよね。

話すことと同様に、きちんと聞くための姿勢も、〝正対〟です。つまり、真正面で向き合うということです。

身体を相手に向けることで、耳だけでなく全身で聞く状態にすることができます。

うまく聞ける人は、相手の方を向いて、他の邪魔になりそうな要素（パソコンやスマホ、手帳など）を閉じたりしまったりして〝聞く姿勢〟を整えます。

それだけでなく、相手が話している間にメモを取ることも最小限にしています。

メモを取ることは、相手の話を「聞いている」というサインになるだけでなく、「興味」の表れにもなり、推奨されていることは確かです。

けれども、物理的に、人はメモを取りながら相手に身体や顔を向けることができません。当然ながら、下向き加減にノートを見ることになりますよね。

つまり、メモを取っている間は相手に〝正対〟ができないのです。

もちろん話している方も、聞いている人が自分の言っていることをメモしてくれているのは分かっていますから、それが大きなマイナスになるわけではないでしょう。

けれどもやはり、**相手がこちらを向いてくれているかどうかというのは、少なからず話し手に影響を与えるものです。**

以前、とある雑誌のインタビューを受けたことがあります。そのときに、インタビュアーだった方は最初にこうおっしゃいました。

「間違いがないようにということもありますが、話に集中したいので、メモではなく録音をさせてください」

そして、終始私の方に全身を向けて反応しながら聞いてくれました。

その方が大変引き出し上手だったのもありますが、とても話しやすく、気付けば予定していなかった内容まで色々と話している自分がいました。

終始メモを取りながらの取材も受けたことがあるのですが、用意していた内容を淡々と話しているような状態だったのを覚えています。

あの嬉しさを実感してから、私もインタビューや打ち合わせの場では、極力メモを最小限にして、相手の方に身体を向けることを心がけるようにしています。

些細なことかもしれませんが、相手が心を開いてくれることを考えると、とても大事なことなのではないでしょうか。聞くときの姿勢も、ぜひ意識してみませんか。

05 うまく聞ける人は相手に身体を向ける！

06
うまく
聞ける人は「興味」を身体で表現し、
聞けていない人は無言で不安にさせる。

話し手に寄り添い、安心感を与えられるように「聞く」には、相槌を打ったり質問したりと、言葉できちんと反応を示すことが大切です。

もちろんそこに間違いはないのですが、実は言葉をまったく発せずとも、「聞いているよ」というメッセージを相手に伝えることもできます。

次のように身体で興味を表現するイメージです。

・喜び→笑顔で拍手をする
・驚き→目を大きく開いて後ろにのけぞる
・恐怖→肩をすくめて両手で自分を抱きしめる
・真剣さ→手を組んで前のめりになる

このような表現があれば、**言葉で何も発せられていなくても、視覚的な反応が話し手に届き、話しやすさにつながっていきます。**

うまく聞ける人は、こういった〝表現〟を取り入れています。

オンライン環境で話しにくさを感じる人は多いですが、その大きな理由が、「相手の反応が分からない」というものです。

基本的にオンラインの場合、余計な音が入り込まないように、話し手以外はマイクをオフにして聞くようにすることが多いです。その時点で、声を使った反応は届かなくなるので、オンラインでの反応は、基本的に視覚的に行うことになります。

ところが聞く側の意識としては、話し手は今目の前にいるわけではなく画面の向こうにいるわけですから、テレビを見ているような感覚になりやすいわけです。

テレビで話している人に対して、いちいち会話のように反応することは少ないですよね。話し手を〝眺めている〟ような状態になりやすいとも言えます。

だからこそ、オンラインでは特に、聞き手がしっかり反応を見せてくれることが、話し手の大きな安心感につながります。

主に顔と上半身の一部しか見えませんが、その全部で反応してくれていることが見えるだけで、グッと話しやすくなるものです。

これはつまり、話し手にとっては、聞き手から送られてくる言葉の反応ももちろんながら、身体全体を使った反応の影響力も同じくらい強く受け取るということです。

うまく聞ける人は、対面だからオンラインだからという区別なく、人の話を「聞く」ときは「全身を使って聞く」ことを実践しています。

そういう姿勢が、話し手に安心感を与え、話しやすい状況を生み出すことにもつながるので、会話が弾みやすくなり、話し手から色々な話を引き出すこともあります。

話し手が「ここまで話すつもりなかったんだけどなぁ」とか「つい色々喋っちゃった」なんて嬉しそうに言えるのは、そこに大きな安心感があったからこそですよね。

誤解しないでいただきたいのは、聞ける人はそれを「とにかく相手から話を引き出すために」しているのではないということです。

そうなってしまうと、場合によっては下心があるように誤解されてしまうこともありますし、逆に相手の不安をあおることもあるかもしれません。

あくまでも「相手が安心して話せるように」「興味関心を伝えるために」という意識で、その気持ちを身体で表現していくことが大切です。

とはいえ、どうしたらいいか分からないという場合は、まずは〝手〟を使うところから始めてみてはいかがでしょうか。

手を叩く、組み合わせる、頬に添える、頭をかかえる、など、手をちょっぴり動かすだけでも表現力が上がりますよ。

06
うまく聞ける人は全身を使って聞く！

07

うまく聞ける人は仮説を立てながら聞き、聞けていない人は言葉通りに聞く。

人が何かを話すときは、何かしらの目的や理由があるものです。

相手との関係性や話の内容によって、具体的にどんな目的や理由であるかは様々ですが、大きく二種類が考えられます。

「ただ聞いてほしい」か**「何かしてほしい」**かです。

「ただ聞いてほしい」というのは、自分一人では抱えきれないくらい溢れてくる想いを、誰かに受け止めてほしくて話しているというケースです。

「何かしてほしい」というのは、教えてほしい・アドバイスがほしい・理解してほしい、というような相手に何かしらの行動を求めるために話すケースです。

どちらの目的や理由を持っているかは、分かりやすく言葉にされることが少ないために、伝わっていないことも多いものです。

「周囲からどう見られるか」という意識を「**公的自己意識**」と言います。その強弱は人によって違うとはいえ、誰しもに備わっています。

それがあるからこそ、身だしなみを整えるとか、最低限のルールやマナーを大切にするという気持ちが生まれていると言えます。

ただその反面、「周囲の目・相手の目」を意識するあまり、つい本来の気持ちとは違うことを言ったり、真逆の表現をしたりすることもあります。

「何も言わずに聞いてほしい」と口では言いながら、本当はアドバイスや意見を求めていたり、協力を求めるような言い方をしていながら、「ただ聞いてくれればよかっただけなのに」なんて思っていたりします。

そのため、うまく聞ける人は、〝仮説〟を持ちながら人の話を聞いています。

〝仮説〟というのは、**「もしかしたら……」**と考える心の余白です。相手の言葉をきちんと受け止めつつ、「もしかしたら本当の気持ちは別にあるかもしれない」という可能性を心に置き、気持ちの理解を大事にしています。例を見てみましょう。

聞けていない人の聞き方

A「実はこんなことを言われて、本当に腹が立って仕方ないんだ」
B「それは腹立つね」
A「なんであんな言われ方をしなければならないわけ？」
B「なんでそんな言い方したんだろうね。向こうにも何か事情があったんじゃないの？」
A「そりゃそうかもしれないけど、だからと言ってあれはないでしょ」
B「ないと言っても、文句を言ったところで何も変わらないし、切り替えるしかないよ」
A「……そうだけどさ……」

うまく聞ける人の聞き方

A「実はこんなことを言われて、本当に腹が立って仕方ないんだ」

B「それは腹立つね（もしかしたら怒るというよりショックなのかもしれないな）」
A「なんであんな言われ方をしなければならないわけ？」
B「がんばったのに、そんな言われ方をされたら、そりゃショックだよねぇ……」
A「ほんとそう！　もう思い出したくもないけど何度も浮かんできて嫌になる」
B「（もしかしたら気晴らしをしたいのかもしれないな）だよねぇ、ひとまず場所変えて、美味しいものでも食べながら話そうか」
A「いいね、甘いものでも食べなきゃやってられないよ」

前半のトークの例でも、話はしっかり聞いていますが、あまり気持ちのよい会話にはなっていないですよね。

相手の心は言葉の表面よりも奥に隠れていることが多いものです。「もしかしたら」と考えながら、相手の言葉以上に心を聞くようにしていきましょう。

07 うまく聞ける人は〝仮説〟を立てる！

08

うまく聞ける人は自分の意見も大事にして、聞けていない人は相手に合わせて意見を変える。

相手の話を聞くにあたって、「共感的に聞く」というのはとても大切なことです。
たとえ相手が自分の考えとはまったく違うことを言っていたとしても、それを頭ごなしに否定してしまっては、よい関係を築くことができません。

〝共感〟が大事なキーワードであることは確かですが、この共感を〝同感〟と混同しているケースがあります。相手に同調して、とにかく「私も同じだよ」と伝えることが共感だと勘違いしてしまっているということです。

共感はあくまでも〝理解すること〟であって、〝同感すること〟ではありません。
違いをなくしていく必要はなく、違いは違いのままでいいという前提があります。

聞けていない人は、ここを勘違いしてしまっていることがよくあります。

相手の意見に合わせて「私もそう」「私も同じ」を繰り返し、自分の意見をコロコロ変えてしまうのです。これは一見**相手に寄り添っているようで、実は相手に寄りかかっている状態**になっています。

たとえばこんな会話を耳にしたら、あなたならどう感じますか？

A「私は○○がいいと思うんだ」
B「私も○○だと思う」
A「でもやっぱり●●かなぁ」
B「そうだね、私も●●かも」
A「いや、やっぱり○○にするわ」
B「うん、○○がいいよね」

一時が万事こんな調子だったら、そのうち「この人、自分の意見というものがないのかな」と思えてくるかもしれません。相手に合わせてコロコロ意見を変える人は、信用されなくなる可能性も高いですよね。

〝共感〟とは、相手と同じ場所に立つことではなく、相手の横に立つことです。

相手の横から、相手が見ているものを一緒に見て、相手の気持ちを受け止めるということです。

違う価値観を知り、違う意見が聞けるというのは、コミュニケーションの醍醐味でもあります。違いがあるからこそ、会話は実りのあるものになり、すり合わせの過程を経てこそ、人間関係はより強固なものになっていきます。

つい相手に合わせてしまう人は、もしかしたら「違い」に怖さがあるのかもしれません。違いがすれ違いになることや、間違いを生むイメージを持っているように思います。できればすれ違いも誤解も争いも避けたい、そう思う気持ちがおかしいわけではありませんが、そこからただ逃げ回っていては、違いという溝は埋まりません。

石やガラスも、ぶつかり合って、角が取れて丸くなっていくもの。

人も、最初はお互いの違いが尖った関係をつくり出すかもしれませんが、ときにぶつかり合いながらもお互いを理解することで、受け止めていくことができるはずです。


「私はAかな」

「そうなんだね、私はBがいいかなぁ」

「Bも悪くないとは思うんだけどね」

「悩ましいね。両方を少しずつという方法もありかな」


これが共感的な会話ですよね。

ただ相手に合わせることがよいコミュニケーションではありません。

むしろ、自分の意見をちゃんと大切にしながら、相手を理解するためにその話にしっかり耳を傾ける、それが相手の横に立つことであり、よい関係の土台になっていくのです。

08 うまく聞ける人は違いを理解する！

09 うまく聞ける人は相手を元気づけ、聞けていない人は無意識に不安を煽る。

「相手の話を聞く」と一言で言っても、その話の内容には様々なケースがありますよね。どんな内容であったとしても、相手の不安を煽るような聞き方をすると、後味の悪い結果を生み出してしまいます。

「そんな聞き方はしてない」と思う方もいるかもしれませんが、気付いていないだけで、無意識にそういった反応が出てしまっていることも少なくありません。

たとえば、嬉しい出来事があったと伝えたときに、相手が「いいことの後には悪いことが起きるらしいよ」「それでそんなに喜べるなんて単純でいいねぇ」などと言ってきたらどう感じますか？

または悲しい出来事や腹が立った出来事の話をしたときに、「それくらいで傷ついていていたらやってけないよ」「それだけで終わればいいけどねぇ……」と言われたら、どう思うでしょうか。

相手に話したことでより不安になり、より嫌な気持ちになり、より焦ることになれば、「話さなければよかった」と思うかもしれませんよね。聞けていない人はついそういう反応を繰り返してしまうことで、だんだん相手が離れていくなんてこともあります。

うまく聞ける人は、内容にかかわらず、相手を元気づけ、勇気づけ、励ますことを前提に話を聞いています。

嬉しい話なら「よかったね！」「それは嬉しいね」と一緒に喜び、悲しい話なら余計なことを言わずに「うんうん」と寄り添い、困っているなら「一緒に考えよう」とともに頭を悩ませます。

困りごとや相談などは特に、話したからといってすぐに解決するわけではない、なんてことは話し手も分かっているのです。解決のためというより、一人で抱えきれない想いを吐き出したくて話しているという部分の方が強いのではないでしょうか。

そこを、「それくらいで」と言われたり、「そんなの私に言われても……」と返されたりしたら、それ以上の言葉は言えなくなりますし、余計に苦しくなりますよね。

ただ、聞き手も決して意地悪で言っているわけではないことも多いものです。

相手を励ますつもりで「大したことないよ」と言っていたり、無責任な言葉は失礼だと思う気持ちから「私にはどうにもしてあげられない」といったことを正直に伝えたりすることもありますよね。それも一つの思いやりの形ではあるのです。

でもだからこそ、そういう思いやりを持っているならなおさら、それが逆効果となってしまうのは残念ですよね。明確な目的や解決に向かって聞くことだけが「聞く」なのではなく、**「ただ聞く」ことが相手を元気づけ、何より喜ばれることもあるのです。**

「あの人と話していると元気をもらえる」

そんな風に言われている人たちは、何もすごい話術でモチベーションの上がる話をエネルギッシュに話しているわけではありません。

むしろ、自分はあまり話しておらず、相手の言葉を受け取りながら、ほんの一言二言、相手がほっしている言葉や元気につながるような言葉を届けているだけだったりします。

世の中の変化や気候の変化が年々激しくなる中、ただでさえ私たちは不安の中で生きています。そして不安を煽るような情報も溢れかえっています。

不安を少しでもいいから払拭して、明るいところを見たいから、人は人に頼り、関わろうとするのではないでしょうか。

よい聞き手とは、不安を強化させる人ではなく、明るい気分にさせてくれる人。相手の心が軽くなるような関わり方を、もう少し意識していきませんか。

09
うまく聞ける人は相手の心を軽くする！

10 うまく聞ける人は相手のテンションに合わせて聞き、聞けていない人は自分のテンションで聞く。

あなたは、気分が落ち込んだときにはどうしますか？

お風呂にゆっくり入る、好きな音楽を聞く、自然に触れる、動物と触れ合う、身体を動かすなど、人によって様々な対処法があるかと思います。

こういった、ネガティブな感情を言葉や行動で発散させることで、心理的な安定を得ることを「**カタルシス効果**」と言います。

中でも「人に話を聞いてもらう」ことは、大きな発散・安定効果を持つことが、様々な研究から明らかになっています。

前項でもお伝えしたように、聞き手が話し手を元気づけることもありますよね。

とはいえ、注意点もあります。

元気な人の持つパワーは、自分のエネルギーがかなり下がっているときは、かえってその明るさが辛く感じられるなんてこともあるからです。


以前、やることなすことがうまくいかなくて、食欲もいまいちだし、夜もぐっすり眠れないなんてことが続いていたことがありました。

そのときに、テレビでバラエティー番組が流れていると、出演者のテンションや聞こえてくる笑い声がしんどく感じられて、スイッチを切ることが少なくありませんでした。

とはいえ静かすぎるのも余計なことばかり考えてしまって落ち着かないので、ゆったりとした音楽を流すようにしていたのを思い出します。

その後、重なっていた問題が少しずつ解決するに従って、またテレビのバラエティー番組も見る生活に戻っていきました。


〝テンション〟とは、英語での意味は「緊張」「不安」「ピンと張っていること」を表しますが、日本語では主に「気分」「気持ち」という意味で使われることが多い言葉です。

気分の上下について、「テンションが上がる・高い」「テンションが下がる・低い」といったイメージで使われていますね。

会話でいうと、特に話し手に対して〝テンション〟という言葉を使うことが多いようです。「テンション高く話す」「テンションの低い話し方」といったように使われています。とはいえ、**テンションは話し手だけのものではなく、聞き手にもあります。**そして聞き手のテンションが、話し手に与える影響力も少なくありません。

うまく聞ける人は、〝テンション〟を相手に合わせて聞いています。

相手の様子に合わせて、リアクションや声の大きさ・スピードなどを調整しているのです。ここが相手とズレてしまうと、とたんにぎこちない会話になってしまうからです。

たとえば、相手がとても落ち込んでいるときに、元気づけようと思って、自分のテンションを上げながら「えー、なになに、教えてよ！」「気にするなよ！」と努めて明るさを表現したとします。

もちろん、それにつられて元気になる人もいるかもしれませんが、（今はこの人に聞いてもらうのはしんどい）と苦笑いしていることも多いものです。

逆のケースも同じです。相手がとても楽しそうに話しているのに、聞き手のテンションが低いままだったら、これもまた（冷たい・話さなければよかった）と思わせてしまう可能性が高いです。

テンションは、話し手に合わせて聞いてくれた方が、無理に持ち上げようとされたり、やけに低いままでいられたりするよりもずっと話しやすくなります。

話すときだけでなく、聞くときにもテンションを意識することが、話し手の尊重にもなっていきます。

10 うまく聞ける人は相手のテンションを意識する！

11 うまく聞ける人は"引きどき"を知っていて、聞けていない人はとにかくグイグイいく。

誰にだって、話したくないことや聞かれたくないこと、触れられたくないことはあるものです。「話したくない」とはっきり言えたらいいのですが、相手との関係性や状況によって、言いづらくて困ってしまったようなこと、あなたにも経験はありませんか。

言葉にされない気持ちは、態度や表情に表れることが多いです。

ただ、小さなサインのため、それに気付くことができず、ぐいぐいと迫ってしまうような聞き方をする人も少なくありません。

悪気はないのかもしれませんが、相手にとってはかなり不快で、「失礼」「無神経」と映っているかもしれません。

「話したくない」という気持ちを示すサインには、たとえば次のようなものがあります。

・急に黙り込む
・身体を引く、遠ざける
・困ったような笑顔を見せる
・チラチラと時計を見る
・「まあまあ」「それはそうと」と話題を変えようとする

相手がこういう反応をしたときは、〝引きどき〟です。

うまく聞ける人はそこにさっと気付き、それ以上触れないようにそっと自然に話題を変えます。そのさりげない態度が安心感となり、その後に違和感やぎこちなさをつくることなく会話を継続することもできていきます。

聞けていない人は、「言いたくない」を「言いにくいだけ」と勝手に解釈してしまったり、相手の態度に自分の好奇心がより刺激されてしまったりして、「なになに？　教えてよ」とより踏み込んでいこうとすることがあります。

場合によっては、「なんで言いたくないわけ?」とたたみかけてしまうこともあったりします。

ただでさえ言いたくないことなのに、「なんで言いたくないのか」まで説明したいわけがないですよね。これでは困惑どころか怒りに転じてしまうかもしれません。

以前、当時勤めていた会社の仲間内で食事に行ったときのことです。話の流れで、給料や貯金の話になったのですが、一人会話に入ってこないAさんがいました。

一人が、「で、Aはどうなの?」と話を振ったのですが、Aさんは「いや、まぁ僕は別に……」となんとも歯切れの悪い感じでした。「別にって、どういうこと? なにかあるの?」と、話を振った人がさらに突っ込んで聞こうとしたその瞬間、隣にいたBさんが、「そういえばこの間、駅前で○○さんに会ったよ」とまったく違う話を始めました。みんなの興味が一気にそちらに引っ張られ、お金の話は自然に終了しました。

そのときにAさんがふと見せた、とてもホッとしたような表情がとても印象的でした。プライベートなことですし、きっと言いたくないことだったのでしょう。

あのまま話が進んでいたら、Aさんは言いたくもないことを強引にほじくりだされることになって、いたたまれない気持ちになっていたかもしれません。

後日Aさんと話していたら、「あのときは本当に助かった」としみじみ言っていました。Bさんが Aさんの事情について何か知っているわけではないとのことだったので、Bさんなりの助け舟だったようです。

Bさんはよく「人は話したいことは放っといても自分から話すもんだから、こちらから無理やり聞くようなことはしない」と言っていました。

相手が言いたくないことまで無理に聞き出そうとするのは、「聞いている」のではなく「聞くを押し付けている」と言えます。

引くべきときは引くのも大事な聞くスキルなのではないでしょうか。

11 うまく聞ける人は引くときは引く！

12 うまく聞ける人は相手のサインを見逃さず、聞けていない人は小さなサインに気付けない。

人の心は直接目には見えませんが、行動によって見えてくることが多いものです。

子どもの方が特に顕著ですが、嬉しいときにはピョンピョン飛び跳ねたり、拗ねているときにはしゃがみこんで地面を見つめていたりしていますよね。

子どもほどでないにせよ、大人もやはり感情は行動に表れます。

つまり、行動を観察することで、相手の内面を知るきっかけにもなるのです。


行動を科学的に分析することで人間心理を探る学問を「**行動心理学**」と言います。アメリカの心理学者ジョン・B・ワトソンが提唱しました。

行動というと、歩く・座る・走るといった大きな動作をイメージしやすいですが、ほんの少し手を動かすといったような〝しぐさ〟も行動の一つです。ジョン・B・ワトソンは、数千人を対象にして調査を行い、しぐさから〝本音〟が分かることを証明しました。

人が話しているときに動かしているのは口だけではありません。手・足・眉をはじめとして、身体全体を動かしているものです。そしてその動きは、**心の動きと連動していることが多く、何気なく出ているようでそこには何かしらの理由や意味が含まれているの**です。たとえば、代表的なものには次のようなものがあります。

瞬きが多くなる↓「緊張」
貧乏ゆすりをする↓「ストレス・イライラ」
腕を組む↓「集中・拒否・不安」
髪を触る↓「退屈・甘え願望」
椅子に深く座る↓「リラックス・自信」

もちろん人の感情は複雑に絡み合っているものですから、ここに挙げた意味だけではなく、同じしぐさでも含まれる気持ちは一つとは限りません。

ここで大事なのは、それぞれがどういう意味かということを特定する前に、**しぐさや行動となって届いてくる相手の気持ちや感情を無視しない**ということです。

うまく聞ける人は、話を聞きながら、相手の姿全体を見ているので、小さなサインにもすぐに気付くことができます。そうやって言葉にし難い気持ちも汲み取ろうとしてくれることが、話し手にとっての話しやすさとなり、会話がスムーズになっていきます。

たとえばあなたが、次の予定があるのでそろそろ話を切り上げたいと思っているとしましょう。

会話の隙を見て、「そろそろ……」と切り出そうとするのですが、相手はもっと話を聞きたいとばかりに「そういえばあの話ですが、あれからどうなったのですか？」とどんどん話を振ってきます。困って頭を掻いたり、時計をチラッと見たりもしてみるものの、相手はまったく意に介さず、「もっと聞かせてください」と身を乗り出しています。

こんな状況になったら、この相手に対してどう感じますか？

「分かってくれない」「強引」、そんな印象を強く抱いてしまい、もしかしたらまた同じことになるのではと、次に会うこともためらうようになるかもしれませんよね。

ちょっとだけ腰を浮かせたり、時計に少し目をやったりしたのに気付いて、相手から「じゃあ、今日はそろそろ……」と言ってくれたら、ホッとするのではないでしょうか。

相手との関係性にもよりますが、「話を聞きたい」と思ってくれている相手に、「ではこれで」と、こちらからはなかなか言い出しにくいものです。だからこそ、「言い出しにくい」というその気持ちに気付いてくれることがありがたいですよね。

相手の言葉に一生懸命〝耳を傾ける〟ことだけが聞くことではありません。相手が出す様々なサインを受け取ることも、大事な聞き方だと言えます。動作の一つひとつには〝気持ち〟が隠れていることを意識して、相手の話をもっと全身で聞いていきましょう。

12 うまく聞ける人は相手の気持ちを見逃さない！

第3章

距離が縮まる聞き方

13

うまく聞ける人は共通点を聞き逃さず、聞けていない人は共通点を探さない。

共通点が人の心に親近感を生み出し、心の距離を近付けることを「類似性の法則」と言います。これは、よりよいコミュニケーションを考える場合、必ずと言っていいほど取り上げられる人間心理です。

たまに「共通点なんてそうそう見つからない」という人もいらっしゃいますが、たとえ初対面であったとしても、探せば思っている以上にたくさんあるはずです。

共通点と言われてパッとイメージするのは、容姿や嗜好、出身などかもしれません。でもそれだけではなく、たとえば価値観や目標、笑いのツボなんていうのも共通点の一つです。

どういうことや物にお金を使うかとか、どういったことを「面白い」と思うのかといった価値観というのは、人によって異なるものですが、似ている人とはそれが共通点となり、楽に行動をともにできたりしますよね。

たとえば、タクシーを使うことに「もったいない」と思うか、「時間を買っている」と思うかは、人それぞれです。どちらが正解ということもなく、単なる価値観の違いです。

とはいえ、異なる価値観の人とでは、どちらかが我慢するか妥協することになりますので、お互いに気も遣いますしストレスを感じることも多くなるかもしれません。お互いに自分の主張をぶつけあって険悪になってしまうこともあります。

共通した考えの持ち主同士なら、選ぶ行動も似ているので気も楽にいられますよね。

また、共通の目的は協力意識を高めるため、企業では目標のすり合わせや意識共有などを定期的に行っています。

共通点は人と人とをつなぎ、最大限の力を引き出すためにも大事な要素なのです。

だからこそ、うまく聞ける人は共通点に対するアンテナをしっかり立てて、相手との関係づくりに活かしています。

ポイントは、**「まったく同じもの」を探しているのではなく、カテゴリーを大きく括って「同じようなもの」を探す**ことです。

たとえば、相手が「野球が好き」と言ったときに、「野球」そのものだけでなく「球技」や「チームプレー」といった大枠でも受け取っていきます。

だから、もしも自分が野球好きではなくサッカー好きだったとしても、「球技」「チームプレー」といった意味で共通点として捉え、「同じですね」という前提意識で話を聞いていきます。

この、**相手との共通点を見ようとする態度**が、共感的な態度を生みだし、話し手が話しやすい雰囲気をつくり出していくのです。

逆に聞けていない人は、「まったく同じもの」であれば気付けるのですが、それ以外のことは流してしまっていたりします。

たとえば好きな飲み物の話の中で、相手が「コーヒー好き」だということが分かったけれど、自分が「紅茶好き」だったとしたら、その時点で（なんだ、違うんだ。ならば飲み物の話はやめよう）なんて考えてしまいがちなのです。

うまく聞ける人はそこで、「喫茶店」や「カフェイン」といったキーワードでつなげて、「私も喫茶店にはよく行くんですよ」とか「私は紅茶派なんですが、カフェイン量はコーヒーの約半分くらい含まれているらしいですね。やっぱりシャキッとしますよね」といったような話題で会話を楽しんでいきます。

人はみんな違うものであることは確かに事実ですが、だからといって「あなたとは違う」という前提では、場合によっては戦いになってしまいますし、心の距離感も近付きません。もう少しだけ見方を広く捉え、多くのことを「同じだね」という前提で見て話を聞くことができれば、人付き合いももっと楽になっていきます。

13 うまく聞ける人は共通点を大事にする！

14

うまく聞ける人は共感と感情を伝えながら聞き、聞けていない人は聞きながら〝自分語り〟をする。

相手の話を聞いているうちに、自分の記憶も呼び起こされて、いつの間にか自分ばかりが話してしまっていた、そんな経験はありませんか？

こちらとしては話を〝広げている〟つもりだったとしても、相手から見たら話を〝奪われた〟と感じているかもしれません。

相手の都合や興味を無視して、ひたすら自分のことを話し続けてしまうことは、〝自分語り〟と言われます。

「分かる」「私も」「それ聞いたことある」、こういった言葉は、ふと聞いただけでは共感的な物言いにも聞こえますが、実は〝自分語り〟の導入になりやすい要注意ワードです。

「それ分かる！　昔こんなことがあってさ……」
「私も同じような経験したことがあるよ。そのときはさ……」
「それ聞いたことある。確かあのとき聞いた話は……」

情報として少し話すくらいなら何の問題もありませんが、ここから延々と自分の話になったり、ましてやどんどん話がずれていってしまったりしたら、相手の話はそこに放置されたままになります。

「ちょっと話を取らないでよ～」「それはそうと、まず私の話を聞いてもらっていい？」そう気軽に言える関係性であればまだいいのですが、よほど親しくないとそうは言い出しにくいものです。困惑や不快感を抱きつつも、「まぁいいか……」と半ば諦めてしまうことの方が多いでしょう。

うまく聞ける人は、同じような言葉でも、**自分語りのためではなく、〝共感と感情〟を伝える**ために次のように使っています。

「分かる気がするなぁ。そういうのホントしんどいよね。それでどうなったの？」
「同じような経験したから聞いてるだけでドキドキする。その後はどうしたの？」
「それ聞いたことあるかも。聞いたときびっくりしたのだけれど、同じことかな？」

話を聞きながら生まれた〝感情〟を反応として伝えると、それだけでも〝共感〟となって相手に届いていきます。

話を聞いて思い出された〝出来事〟や〝事実〟を反応として伝えてしまうと、そこから〝説明〟が必要になるので、長々と話さざるを得なくなってしまうのです。

以前、とあるアパレル店で、対照的な接客を受けたことがあります。
お店で服を見ていると、店員さんが「いかがですか？」と声をかけてきました。「手触りがいいですね」と言ったところ、「そうなんです！　私もこれ持ってるんですけど、こんなに手触りがいいものはあまりないんですよ。友人たちにも勧めてみたら……」と延々と続くので、ややうんざりしてきて「考えてみますね」と言って店を後にしました。

次に行ったお店でも、店員さんが同じように声をかけてきました。「そちら、柔らかいですよね」と言ってきたので、「そうですね、着心地のいいものを探してるんです」と伝えたところ、「分かります！　着心地のいいものを着ていると気分が和らぎますよね。素材は綿のものがお好きですか？」と、そこから私の好みや希望などを聞いて、ほどよいものを探してくれました。

希望に合ったものを買えただけではなく、気付けば色んなことを話しており、帰りがけに（ちょっと話しすぎたかな）と反省するほどでした。

同じ「聞く」でも、聞き方によって〝なんのために〟が変わってきます。

いつの間にか話を奪ってしまうのは〝自分のため〟に聞いているから。〝相手を知るため〟に聞くのであれば、やはり中心に置いておきたいのは相手ですよね。

〝共感と感情〟を伝えつつ、相手の言葉を一番大事にする意識を持ちましょう。

14 うまく聞ける人は相手の話を放置しない！

15

うまく聞ける人はネガティブをそのまま受け取り、聞けていない人はなんでもポジティブにする。

「昨日、財布を無くしちゃってさ……」

もし相手がそう言ったら、あなたならどう返しますか？

心理学に「**リフレーミング**」という手法があります。

これは、フレーム（frame／枠組み・土台）を転換させること、つまり、次のように「違う角度からものを見る」ということです。

・失敗した➡いい経験になった

・まだここまでしかできていない➡もうここまではできた

同じ物事でも見方によって受け止め方が変わり、プラスの側面に気付くことができます。なんでもネガティブに捉えて気持ちが落ち込んでしまうより、ポジティブな考え方で前向きになれた方がいいですよね。

とはいえ、〝ポジティブ〟であることばかりにとらわれて、無理やり転換させようとするのは、かえってネガティブを増長させてしまうことにもなりかねません。

たとえば冒頭の財布を無くしたケース。

「まぁでも、命に関わることじゃないし」「何かをなくすと、何かが手に入るらしいよ」落ち込む相手に早く少しでも明るい気分になってもらおうと、こうしたポジティブな見方を提案しようと考える人もいるかもしれません。

もちろんそれも温かい思いやりであり、ＮＧということではありませんが、相手のショックはこちらが思っている以上に大きいこともあります。

前向きに考えたいけど今はそんな気持ちになれない、そんな状態かもしれませんよね。

うまく聞ける人は、「それはショックだよね……」「それは辛い……」など、ネガティブな気持ちをそのまま受け取ります。**相手の気持ちを、ポジティブ・ネガティブと評価してなんとかしようとするのではなく、〝共感〟を前提に支えていくことを大切にします。**

とはいえ、もちろんただ延々とネガティブに寄り添うわけではありません。リフレーミングの大切さも知っていますから、相手がポジティブに考える余地を持ち始めたときに、少しずつそちらに意識を向けていくような聞き方をしています。タイミングというのは、相手が「まぁでも」とか「とはいえ」といったような言葉を言い始めたとき、といえます。

会社員として働いていたときに、徹夜で書いたレポートを、保存せずにうっかり完全消去してしまったことがあります。そのとき、顔面蒼白の私に気付いた仲間たちが、「まぁ、まだ時間はあるよ」「できる範囲で出せばいいんだよ」などと声をかけてきました。

私のことを思って言ってくれている優しさに感謝しつつ、落ち込みが強すぎて「分かるけど、そんな言葉で片付けられることじゃない」と思う自分がいたのも事実でした。

そんなとき、すっとやってきた先輩が「あー、これは相当ショックだわ……」と言い、その場ですぐにシステム担当の部署に電話を入れてくれました。

結局データは復活せず、やり直しになったのですが、先輩の、叱るでも励ますでもないフラットな態度と物言いになんだか救われた気がして、「まぁでも、やり直せばいい話だもの」と自ら考える余裕も生まれたのを今も覚えています。

私たちはどこかネガティブ＝悪と捉えてしまいがちなのかもしれません。

ネガティブがよくないものだと考えるから、かえってポジティブにがんじがらめになってしまう、それがときに窮屈な状態をつくり出すことがあります。

ネガティブをそのまま受け取ることが、優しさになることもあるのです。

15 うまく聞ける人は「ネガティブ＝悪」と捉えない！

16 うまく聞ける人は一度聞いたことを忘れず、聞けていない人は同じことを何度も聞く。

色々と質問しながら、聞いた内容どころか聞いたこと自体を忘れている……。「そんなことあるわけない」と思うかもしれませんが、これが案外よくあるものです。

親しい人なら「これ、前にも言ったよ」と気軽に言えますが、出会って間もなかったり、仕事関係のつながりであったりすると、なかなか言えなかったりします。

するとどうなるかというと、（前にも言ったんだけどな……）と内心思いながらもう一度伝え、一度ならまだしもそれが繰り返されたりすると、（聞いているそぶりをしているだけで、こちらの話に興味がなく、覚えるつもりもないんだな）と理解します。

怖いのは、相手がそう思っていることは、外からは分かりにくいということです。

ですから、聞き手は相手が自分への信用や好感度を下げていることに気付けないまま、相手と良好な関係が築けていると勘違いしていたりします。

以前、保険会社の研修に伺った際に、つねにトップの成績を上げているという方とお話しする機会がありました。つねに心がけていることはどんなことかと聞いたところ、「**とにかく相手の言ったことを忘れないこと**ですね」とおっしゃっていました。

仕事に関わることはもちろんながら、特に、雑談の流れでふと出てきた内容を大事にしているとのこと。たとえば、次の休みに何をするのかとか、お子さんの名前とか、何気なく出てきた一言こそしっかり覚えておくようにしているというのです。

素敵だなと思ったのは、それを必ずしも次回の会話に活かすわけでもないというところです。つまり、話の冒頭に「前にお会いしたときに○○とおっしゃっていましたよね」と切り出すというより、話の流れで関連する話題が出たときにさりげなく盛り込むそうなのです。ですから、その話題に触れるのは数ヶ月、または数年越しであったりすることもあるのだとか。

たとえば、初めてお子さんの名前を聞いて知ったとします。もちろん次に会ったときに冒頭で「○○ちゃんは元気ですか」と言うのでも十分喜ばれるでしょう。

でもその人は、相手が「うちの子がこんなことを言って」など話題を出した際に、「お子さん」と言わずに「○○ちゃん、そんなことも言うようになったんですね」とさりげなく名前で反応を示すようにするのだそうです。すると、「え、覚えてくれてるんですね！」と、パッと相手の顔が一瞬で明るくなったりするのだとおっしゃっていました。

人間、興味関心が高いものであれば早く、そして長く覚えていられますが、そうでもないものはなかなか記憶に留めにくいものです。

だからこそ、覚えているということは、単なる記憶力の高さというより、興味関心の高さを表すことにもなります。相手が覚えてくれていることが嬉しいのは、自分への興味関心を高く持ってくれている、つまり愛情を感じられるからです。

とはいえ、だからといってすべてに対して興味関心を持つようにする、というのも現実的ではありませんよね。ですから、やはり**記憶だけでなく記録に残す工夫も必要**です。

先の保険のトップセールスの方も、きちんとメモを残していらっしゃいました。会話全体、そして相手がふと漏らした言葉を書き留め、次にお会いする前に必ず目を通すようにしてから会うようにしているのだそうです。

実際にはその内容に触れないこともありますが、少なくとも一度聞いたことに対して、同じ質問をすることがないようにするためにも欠かせないとおっしゃっていました。

そこまではなかなか……という方は、**聞いた〝内容〟は忘れても、せめて聞いたという〝事実〟は忘れないようにするところから始めてみてはいかがでしょうか。**

仮に名前を思い出せなくても、「前にお子さんのこと教えてくださいましたよね」と言えれば、「お名前はなんとおっしゃってましたっけ」なども言いやすくなりますし、相手への興味関心は最低限ちゃんと伝わっていくものですよ。

16
うまく聞ける人は聞いたことを記録し、忘れない！

17

うまく聞ける人は横から言葉を手渡し、聞けていない人は上から言葉を投げつける。

「上から目線」という言葉がありますが、目線も態度も言葉も、上から降ってくるものを受け止めるのは気持ちのいいものではありませんし、ときに不快なものです。

上司－部下、上級生－下級生、上等－下等といったように、立場や質は〝上下〟という言葉で表され、そのほとんどが、上にあるものの方が強いという意味合いも含みます。「上がなんというか」とか「上に相談してみます」といったように、〝上〟一言で使う場合もありますよね。ですから、「上」から降ってくるものには抵抗しがたい、強制力を伴うイメージがあります。

コミュニケーションに、そもそも〝上下〟はないはずです。

コミュニケーションは相互理解のためにあるものであり、どちらかが強制的に相手を支配するためのものではないからです。

ところが聞けていない人は、つい「上」に立とうとしてしまう傾向があるようです。それは、〝自分の方がすごいのだ〟という自己顕示欲であったり、〝相手を思うように動かしたい〟という支配欲であったり、〝自分の方が優秀であると思われたい〟という承認欲求であったりします。

相手を下げることで自分を上げようとする心理が、強く働いていると言えます。

けれども、誰にだって自尊心（自分を大切に思う気持ち）があります。

自分を下げてくるような相手に、心地よさを感じるわけがありません。上から投げつけてくるような人の言葉を、受け止めたいとは思わないものです。

うまく聞ける人は、言葉を横から手渡すような関わり方をします。

相手の話を、上から「吸い上げる」のではなく、横から手を伸ばしてそっと「受け取る」ように聞き、それに対する自分の言葉を、上から「与える」のではなく、横から丁寧に「渡して」いくような聞き方をします。

ですから、**「上から」に聞こえやすい印象になる言葉は慎重に避ける**ようにしています。たとえば、「そんなこと」「で？」「だから何？」「分かってないなぁ」「いい？」といったような言葉です。

学生時代、アルバイト先の店長にまさにこういうタイプの人がいたことがあります。話しかければ、一言目には「で？」「だから？」「そんなことでいちいち相談しないでくれる？」などの言葉が返ってくるのです。

分からないことがあって質問すれば、答えやヒントをすぐにはくれず、「分かってないなぁ」「そんなこと聞いてくるようじゃまだまだだなぁ」などの言葉をつけてくるので、その都度とても不快な気持ちでいっぱいになっていました。

いつまでたってもそんな調子で、ずっと子ども扱いされ、下に見られている気がしてたまりませんでした。結局、仕事自体は好きだったのですが、その人と一緒に働きたくなくてそのアルバイトは長くは続きませんでした。

後で聞いたところによると、その店長は「愛情表現だったのに」と言っていたそうです。ずいぶんと苦し紛れの正当化だなぁと思いましたが、もしそこに本当に「愛情」があったのであれば、なおさら上から押し付けられても受け取りたくないとつくづく感じました。

17 うまく聞ける人は上に立とうとしない！

人間関係を上下に組み立てようとすると、下は苦しいし、上も反発を受けるし、お互いにとっていいことは一つもありません。

上から押し付けるのでも、下手に出るのでもなく、「横から接する」ことをお互いに大事にできたら、会話は自然にもっと弾むし、言いたいことがちゃんと言い合える気持ちのよい状態をつくっていけるのではないでしょうか。

18 うまく聞ける人は「WHAT」「HOW」を使い、聞けていない人は「WHY」を使う。

人の話を聞いていると、自分の考えや価値観とはまったく違うことを耳にすることも多いです。人の数だけ感性があるわけですから、まったく同じ人ばかりという方が不自然ですよね。

ところが、聞けていない人は違いを許すことができず、よく腹を立ててしまっているようです。「なんでそう思うわけ？」「なんで分かってくれないの？」と、自分と異なる意見や考えを持つ相手に対して、こんな風に責め立てているようなケースもあります。

「なんで」と言われたところで、なんとなくそう見えたから、なんとなくそう思ったからと、明確な理由がないことがほとんどです。

「カレーが好き」と言って、「なんでカレーなの？　なんでラーメンじゃないの？」と言われても、的確に言葉にできるような確固たる意志を持って言っているわけではないですよね。

腹を立てるだけならまだしも、それを自分が希望する方に変えようとすると話はさらにややこしくなります。カレーのよくない点をあげつらい、ラーメンの素晴らしい点を熱弁して、「だからカレーじゃなくてラーメンにしなよ」と言ったりします。

自分の好きなものを否定されるのは気分が悪いですし、好みは強制されるものでもないし、「別にいいでしょ」と言いたくなるかもしれません。

うまく聞ける人は、意見の違いを歓迎して喜んでいるようなところがあります。「カレーのどういうところがそんなに好きなの？」「どんなカレーが好きなの？」と、自分の考えと並べるのではなく、相手の意見を単体で捉え、相手のことをもっと知ることができるきっかけになると考えます。

ですから、出てくる言葉も「ＷＨＹ？（なんで？）」ではなく、「ＷＨＡＴ（何？）」や

「**HOW（どんな？）**」なのです。

「WHY」は相手を問い詰めてしまう傾向がありますが、「WHAT」や「HOW」は話を広げる役割を持ちます。

違いがあるということはつまり、自分にはない考え方や捉え方を持っているということです。**自分一人では気付けないことも、相手の目や頭を通して気付けることがあります。**

以前働いていた職場で、仕事の進め方において、丁寧さ重視の部下Aさんと、スピード重視の上司Bさんが対立することがありました。

どんなにスピードが速くても、丁寧な仕事をしなければ意味がないと、顔を真っ赤にして主張するAさん。Bさんは、それをしっかり聞きながら「あなたの言う丁寧ってどういう状態のことだろう？」「スピード感についてはどんな考え？」といったように、Aさんの意見を、より具体的に理解しようとしているように見えました。

ところどころで、「そういう考え方もできるかぁ」「それも確かに大事な視点だよな」といったような言葉を挟んでいるので、険悪な雰囲気になることはなく、むしろAさん自身が、自分の言っていることをより整理できているようにも感じました。

最終的には、Aさんの方から「スピードアップも考えながら進めます。ただ、適当に作業したくないので、もう少し期限を長めにしてもらえますか」と提案していました。

あの場で、Bさんが、「それは違うでしょ。なんでそう意固地になるわけ？」などの言葉を返していたら、きっと違う展開になっていたのではないでしょうか。

そもそも、Bさんが違う意見には耳を貸さないようなタイプなら、Aさんも素直に自分の主張を言えていなかったかもしれません。

18 うまく聞ける人は違いを喜ぶ！

人には違いがある前提だからこそ、違いの受け止め方が人間関係の質を変えていき、視野を広げていきます。違いをもっと喜んでみませんか。

19

うまく聞ける人は自分の考えも伝え、聞けていない人はなんでも〝質問返し〟をする。

「聞く」ことを大事にする人ほど、受け身になりやすいものです。

しっかり受け取ることが大事であることは確かでしょう。けれども、**話し手は〝受け取ってほしい〟のと同時に〝聞かせてほしい〟と思っています。**

たとえば、「こんなことを考えている」という話をしたときに、「そんなことがあったんだね」「そういう風に思っているんだね」とただ受け止められるだけでは、嫌な気持ちはしないものの、少々物足りなさを感じませんか。

「そんなことがあったんだ、びっくり」「そういう風に思っているんだ。それは複雑だなぁ」と、一言でも自分を見せてくれる方が、かえって話をしやすくなりますよね。

もちろん、そこから話を奪ってしまうのは避けたいところです。たくさんの言葉でなく、ちょっとした一言でいいのです。

ただし、一言と言っても、なんでもいいというわけではありません。

実は、聞き手としてよく行いがちだけれど**避けておいた方がいいのが、なんでも〝質問返し〟にすること**です。

たとえば「どう思う?」と聞かれているのに、「あなたはどう思うの?」と質問で返すのは、一見相手の意見を大事にしている姿勢のようでありながら、実は相手の質問を宙に浮かせてしまっています。

相手はこちらの意見を聞きたくて発信しているのに、すぐに自分のことばかりを聞かれる流れにされてしまっては、消化不良になりますよね。

就職や転職などでの〝面接〟のシーンでは、質問に質問で返す「逆質問」も大事とされています。

面接官に「何か質問はありますか？」と聞かれた際に、「特にありません」と言うより、具体的な質問を返すことで、前向きな姿勢が伝わり、自己アピールにつながります。

ただ、コミュニケーションは〝面接〟ではありません。

会話はキャッチボールなのですから、相手からの質問に対しては、きちんと聞いた上でまずそれに答えるのが礼儀でもありますよね。

相手の存在を大事に、相手の発言を大切にするという気持ちは素敵なことです。

でも、その気持ちばかりが強すぎると、自分を見せることなく、相手の言葉を引き出すことばかり考えてしまいます。

子どもが小さいころ、遠足のお菓子選びで「ママはどれがいい？」と聞かれたことがありました。食べるのは私ではないし、「自分が好きなのにしたらいいんじゃない？」と答えたら、「ママだったらどれにするかって聞いてるの！」と叱られてしまいました。

「そうね、私ならこれかな、あなたは？」と再度振ってみたら「それかぁ。僕はやっぱりこれかな」と、自分の好きなものを選んでいました。

ご愛読ありがとうございます。
今後の参考にさせていただきますので、ぜひご意見をお聞かせください。

本書の
タイトル

年齢： 歳	性別：男・女	ご職業：	月頃購入

● 何でこの本のことを知りましたか？
① 書店 ② コンビニ ③ WEB ④ 新聞広告 ⑤ その他
（具体的には → ）

● どこでこの本を購入しましたか？
① 書店 ② ネット ③ コンビニ ④ その他
（具体的なお店 → ）

● 感想をお聞かせください

① 価格	高い・ふつう・安い
② 著者	悪い・ふつう・良い
③ レイアウト	悪い・ふつう・良い
④ タイトル	悪い・ふつう・良い
⑤ カバー	悪い・ふつう・良い
⑥ 総評	悪い・ふつう・良い

● 購入の決め手は何ですか？

● 実際に読んでみていかがでしたか？（良いところ、不満な点）

● その他（解決したい悩み、出版してほしいテーマ、ご意見など）

● ご意見、ご感想を弊社ホームページなどで紹介しても良いですか？
① 名前を出して良い ② イニシャルなら良い ③ 出さないでほしい

ご協力ありがとうございました。

郵便はがき

恐れ入りますが
切手を貼って
お出しください

112-0005

東京都文京区水道2-11-5

明日香出版社

プレゼント係行

感想を送っていただいた方の中から
毎月抽選で10名様に図書カード(1000円分)をプレゼント！

ふりがな お名前	
ご住所	郵便番号（　　　　）電話（　　　　） 都道 府県
メールアドレス	

＊ご記入いただいた個人情報は厳重に管理し、弊社からのご案内や商品の発送以外の目的で使うことはありません。
＊弊社WEBサイトからもご意見、ご感想の書き込みが可能です。

明日香出版社ホームページ　https://www.asuka-g.co.jp

当時は、それにするならなんのために聞いたんだろうとも思いましたが、単純に他人はどういうものを選ぶのかを参考にしたかったから、答えがほしかっただけなのでしょう。

これは大人同士の会話でも同じですよね。

ただシンプルに「あなたの考えを教えてほしい」と思っているのに、それに答えてもらえないと、「はぐらかされた」「隠された」という気持ちが芽生えることもあります。場合によっては「やましいことがある」「何か隠している」なんて、痛くもない腹を探られてしまうかもしれません。

「聞く」ことは、「話すことを控える」ということではないのです。ちゃんと「聞く」ために、「渡す」こともしっかり行っていきましょう！

19 うまく聞ける人は受け取って渡す！

20 うまく聞ける人は相手と同じ言葉を使い、聞けていない人は使いやすい言葉に言い換える。

日本語は語彙が豊富で表現力が高いと言われている言語です。同じ物事を表すにも多様な言い方があるので、どの言葉を選ぶかにその人の感性や品性といったものが表れると言えます。

たとえば、「私」と「あなた」だけでもざっと次のようなものが挙げられます。

・「私」↓わたくし、あたし、あたい、僕、俺、うち、わし、当方、自分、我輩、小生
・「あなた」↓○○様、貴方、君、あんた、お前、てめえ、貴様、そなた、汝

このように幅広い表現力を持つ言葉だからこそ、自分の使う言葉と、相手の使う言葉が異なっていることもよくあります。

言葉選びは個人の感性ですから、ここに問題があるわけではありません。ただ、同郷の人の言葉を聞くと落ち着くように、同じ言葉を使う人の方が、親近感を抱きやすいのは確かです。

ですからうまく聞ける人は、相手の話を聞きながら、言葉の意味だけでなく相手が使う言葉の種類を気に留めるようにしています。そして、**なるべく相手と同じ言葉を使うようにすることで、話しやすい空気感をつくり出しています。**

同じ言葉と言っても、たとえばアクセントやイントネーションを無理に合わせるということではありません。慣れないアクセントを真似ると、場合によっては「バカにしている」とか「茶化している」といった印象を抱かせてしまうこともあるからです。

ここで言う同じ言葉とは、先ほどの「私」「あなた」のように、違う言い回しを持つ同じ意味の言葉を使うときは、相手の使っているものと同じものを選ぶということです。具体的には、たとえば次のような言葉のことです。

・「ジーンズ」と「デニム」
・「携帯」と「スマホ」
・「パソコン」と「PC」
・「ブッフェ」と「バイキング」
・「喫茶店」と「カフェ」

どちらの言葉もよく使われている言い回しですし、どちらも間違った言い方ということはありません。

けれども、相手が使っているものと違うものを使うと、意図せず違和感を生み出してしまうことがあります。

以前、友人の家に遊びに行ったときに中学1年生の娘さんと話していたら、こんなことを言っていました。「最近感じ悪い友達がいるんだよね。なんかいちいち私の言葉を遠回しに言い直してきて、マウンティングっていうのかな、〝私の方がおしゃれ〟という空気感を醸し出してくるんだよ」

聞くと、「スパゲッティが食べたい」と言ったら「パスタもいいね」と答えたり、「美容院に行った」という話をしたら、「どこのサロン？」と聞かれたりするそうです。

前後のやり取りや内容を聞く限りでは、その友人も決して悪気があるわけではないように感じました。おそらく、無意識に自分の使いやすい言葉を使っただけなのでしょう。

でも、仮にそうであったとしても、友人の娘さんが気分を害していたのは事実です。

違う言い回しをすることが、無意識であっても〝あえて〟または〝わざと〟そうしているような印象を与えてしまうことがあるのです。

違和感は不快感となり、会話そのものだけでなく、ときに人間関係にヒビを入れることもあります。よほど訂正の必要がある言葉でなければ、言い換えなどせず相手の使う言葉を大事にすることも、相手を大事にすることと言えるのではないでしょうか。

20 うまく聞ける人は相手が使う言葉を大事にする！

21 うまく聞ける人は相手が質問できる隙をつくり、聞けていない人は自分が質問し続ける。

「こちらが口を挟む余地がない」、そんな風に思った経験はありませんか？

一生懸命聞いてくれるのはいいのだけれど、こちらが聞きたいことがあってもそれを言い出せる隙がなく、ひたすら相手のペースに巻き込まれる……そうなると、しっかり聞いてもらっているにもかかわらず、なんだか息苦しく、話しづらくなってくるものです。

いわゆるマシンガントークのように、次から次へと言葉を発し続けることを、〝たたみかけるように話す〟と言いますが、同じことが、「聞く」ことにも言えます。

質問や相槌を息つく暇なく〝たたみかけるように聞く〟のは、聞いているというより追い詰めているような行為となり、気持ちのよい会話にはつながりません。

大学時代にイギリスに留学していたとき、当時よく面倒を見てくれていた先生が、意見を求めたり質問したりすると、答えてくれた後必ず「And you?（あなたは？）」と聞いてくれました。

話しながら新たに浮かんだ疑問や、気付いたことなどを話す隙をつくってくれるので、自分の拙い英語に臆することなく、とても話しやすかったのを覚えています。

聞き上手な人は、自分が相手の話を理解することはもちろんながら、会話の途中に話し手の中で起こる変化も大事にしています。だから、**あえて適度に「間」や「隙」を使って、相手が聞き役になれるタイミングをつくっていきます。**

以前、とある企業の営業の方が来社したときのことです。「ぜひとも貴社にあったご提案をさせていただきたいです」と、事前にこちらのことをしっかり調べてきた上で、丁寧に色々と説明してくれました。

その態度や接し方自体は大変感じよく、不快感はなかったのですが、ひたすら質問され続けるので、だんだん答えるのに疲れてきました。

途中でふと浮かんだ疑問点や知りたい内容もあったのですが、口を挟むタイミングがないまま、（後で聞くか）と思って心に溜めておりました。そしていよいよ最後に、「何かご質問があればなんなりと」と言ってくれたのですが、疑問をメモしなかったために、もう何を聞こうと思っていたのかをすっかり忘れてしまっていたのです。

細かい内容は忘れたとはいえ〝疑問点〟があったという事実は覚えているわけで、そこが解消できなかったためにすっきりせず、結局その提案はお断りすることになりました。

「聞こう」という気持ちが強くなるほど、案外疎かになってしまいがちなのが、「間」や「隙」ではないでしょうか。

相手が話してくれなければ聞くことができないので、なんとか話を途切らせないようにと、むしろ必死に間を埋めて、隙をつくらないようにしてしまうのです。

うまく聞ける人は、相手の頭の動きにも沿った聞き方をしてくれるので、話し手はその場で浮かんだ考えや疑問もすぐに言葉にして、伝えることができます。

人はそんなに器用じゃありませんから、気掛かりを残したまま他のことを考えて話すのは難しいです。そして「後で言おう」と考えたものは、その大半を忘れてしまいます。

話を聞くプロといえば、著名人・有名人を相手にするインタビュアーが挙げられます。私もそういった役割を担当することがあるので、勉強のために様々な先輩の話を聞いてきました。そして気付いたのが、上手なインタビュアーほど、話し手に「**あなたはどう思いますか？」「あなたはどうですか？」「今話していて思ったんですけど言っていいですか？**」と言える空気感をつくっているということです。

一方的に聞き役に徹するのではなく、ときに自分も話し手になるような関わり方をすることで、かえって話し手が素直に話しやすい雰囲気づくりにつながっていくのですね。

相手から話を引き出すばかりが「聞く」ではありません。相手の「質問できる隙」を奪わないような関わり方を心がけましょう。

21 うまく聞ける人は相手にも質問してもらう！

第4章

話の盛り上げ方

22

うまく聞ける人は内容に合わせて声を変え、聞けていない人は楽な声だけを使う。

声には、表情・色・動きがあります。

・表情：歓声、怒声、涙声、猫撫で声、悲鳴、笑い声、はしゃぎ声、焦り声
・色：明るい声、暗い声、黄色い声、白けた声
・動き：弾む声、震える声、這うような声、踊る声、響き渡る声

これだけの表現があるにもかかわらず、あまり活用されていないことが多いです。

特に人の話を聞くとなると、話すときよりもさらに声の意識は遠のき、よく考えることもなく淡々と相槌を打ちながら、同じような音で同じようなリズムで返しがちです。

うまく聞ける人は、聞くときも様々な声を自然に使っています。話の内容や相手の感情に合わせて、ときに強く、ときに弱く、ときに高く、ときに低く、小さな一言の音を大事にしています。

それが会話の心地よさをつくり出していくのです。音や表現の変化が、リズムやテンポをつくり、かつ話し手への共感性を高めていきます。

たとえば次の会話で、Bさんの方を、淡々と同じリズムと音で言っているイメージで読んでみてください。

A「この間、道端で偶然学生時代の同級生に会ったんだ」
B「へぇ、そうなんだ」
A「しかもとても近くに住んでいるらしいんだよね」
B「偶然だね」
A「10年ぶりだったけど全然変わっていなくて。今度食事に行くことになったんだ」
B「それは楽しみだね」

会話としては成立しますし、もちろんダメということはないですが、少々盛り上がりに欠け、喜びを伝えたかったAさんは、物足りなさを感じるかもしれません。

では同じ会話で、今度はBさんの返答に声のバリエーションを持たせてみましょう。

A「この間、道端で偶然学生時代の同級生に会ったんだ」

B「へぇ、そうなんだ」（「へぇ」を高く、「そうなんだ」を明るく）

A「しかもとても近くに住んでいるらしいんだよね」

B「偶然だね」（驚きを込めて少し下げる）

A「10年ぶりだったけど全然変わっていなくて。今度食事に行くことになったんだ」

B「それは楽しみだね」（弾むようにテンポよく）

会話に弾みが生まれ、共感的に話を受け止めている印象が伝わってきますよね。

話を聞くとは、言葉を返すことだけを言うのではありません。

相手の話を受け止め、反応を示すことが話し手への思いやりでもあります。

ただし、極端にやりすぎるのは大袈裟だったり、わざとらしく見えたりもします。

変化は少しでも十分に効果があります。

たとえば、感嘆詞の音をちょっぴり変えてみるくらいであれば、実践もしやすいのではないでしょうか。

感嘆詞とはつまり、「あぁ」「へぇ」「えぇ」「おぉ」「わぁ」などの、感情を表す短い言葉です。この部分だけを他よりも気持ち高めに言うようにするだけでも、反応の伝わり方は変わっていきますよ。

22 うまく聞ける人は声を活用する！

声も大事なコミュニケーションツール。聞くときにも、ぜひもっと活用しましょう。

23

うまく聞ける人は質問で話を広げ、聞けていない人は質問を投げっぱなしにする。

〝訊く〟ことも「きく」と読み、質問を通して相手のことを受け止める行為の一つです。そして聞き上手な人は総じて「訊き上手」です。

よい質問は、話を掘り下げるだけでなく、誤解を減らし、相手の気付きのきっかけとなることもあります。けれども、質問は使い方を間違えると、違和感や不快感まで与えてしまうことがあるので、注意が必要です。たとえば、次のようなケースが挙げられます。

・根掘り葉掘り質問責めにする
・決めつけて訊く（例「こう思ってるんでしょ？」「こういうことでしょ？」）
・プライバシーに関わることやデリケートなことを遠慮なく訊く（例 収入や仕事・家庭環境・病気や怪我・恋愛や結婚・妊娠や出産に関わることなど）

・訊いておきながら、答えたことを受け取らない

質問責めや決めつけ、プライバシーの侵害などにならないようにするという配慮はとても重要です。

でも実は、**もっとも無意識にしてしまいがちで、問題であることに気付きにくいのが、「受け取らない」こと**だったりします。「受け取らない」とはつまり、質問を投げかけておきながら、相手の言葉を拾わないということです。

たとえば、次の会話で、あなたがBさんの立場だとイメージしてみてください。

A「今度の休みは何か予定があるの？」
B「映画を見に行こうかと思ってるんだ」
A「へー」

これで会話が終わってしまったら、どう感じますか？

「それだけ？」「なんで聞いてきたんだろう」そんな風に思うのではないでしょうか。A

さんにしてみれば、他意はなく、答えてもらって満足しているのかもしれません。

でも、Bさんにとっては、質問の意図や理由も分からない分、なんだかモヤッとしてしまいます。「何か答えてはいけないことを言ってしまったのかも……」なんて不安になるかもしれません。

質問するなら、その回答に対する反応までがワンセットです。

その反応は単なる〝返事〟としての意味合いだけでなく、質問の意図を相手に伝えることになるので、余計な不安を生み出すことを避けることもできます。

話していて不安を感じるような相手には、なかなかオープンには話しづらいものです。

ですからうまく聞ける人は、質問をするときも、答えを得て終わりにするのではなく、そこから会話を広げていくようにきちんと答えを受け取っています。

そのための具体的方法としては、「**一言で返さない**」ということです。

一言とは、「へー」「ふーん」「あ、そう」といったような言葉です。つい口から出やすいのですが、これだけで終わらせてしまうとかなりそっけない印象になります。

それを避けるために聞ける人がしているのは、こういう一言を言ったとしても、**必ずプラスアルファの言葉を添えている**ということです。

添える内容は、〝感想〟〝感情〟〝深掘り〟〝理由〟などです。

たとえば先ほどの映画の話なら、

「へー、いいね（感想）、最近の映画に疎いのだけれど（理由）、何か見たい映画があるの？（深掘り）」

「そうなんだ！　映画館の雰囲気って好きなんだよね（感情）。どこの映画館に行くの？（深掘り）私も行ったことあるところかなと思って（理由）」

といったように、相手の言葉をしっかり受け取りプラスアルファの反応を返しているので、会話が自然に広がりやすくなります。

心当たりがある方は、まずは、「一言で返すのを止める」ところから始めてみませんか。

23 うまく聞ける人は質問に一言で返さない！

24

うまく聞ける人は要約しながら聞き、聞けていない人は相手の発言をただ繰り返す。

会話のテクニックに「オウム返し」というものがあります。これは相手の言っていることをそのまま繰り返すことです。

相手の言葉をきちんと受け取っていることが伝わるので、大切なポイントではありますが、〝どこをどのように〟繰り返すかを意識しないと、会話が弾まないことがあります。

「この間の休みに京都に行ったんだ」

「この間の休みは京都だったんだね」

ただこう返されても、「うん、そうだよ」としか言いようがないですよね。

すべての会話がこんな調子で繰り返されたら、話す方もだんだんうんざりしてきて「もういいよ」と言いたくなるかもしれません。

うまく聞ける人は、ただ漠然と繰り返すことはしません。

繰り返すことで話の焦点を合わせて次の話につなげたり、前の話を絡めて要約したりすることで相手の話しやすさをつくり出しています。具体的には次のようなイメージです。

・話の焦点を合わせる例

「今度、東京で研修があるんだ」
1「東京？　東京のどこに行くの？」（場所に焦点が合う）
2「研修かぁ。何の研修？」（研修に焦点が合う）

・話の要約をする例

「色々大変だったけど、やっと終わってホッとしたよ」

「やっと終わって本当によかったね。確か直前に引っ越しや資格試験もあったんだよね？本当に大変だったと思うよ」


自分が話したことを覚えて気にかけてくれるというのは、話し手にとってとても嬉しいものです。
「色々あって」といった言葉をそのまま繰り返すのではなく、具体的に言葉にしてくれることで、自分に対する興味関心の気持ちを感じ取ることができます。
相手が今話題にしていることだけでなく、過去の発言や情報とのつながりもイメージしながら聞いているということでもありますね。そういう繰り返しは相手への大きな理解の表れにもなります。

「オウム返し」が会話において大変有効な方法であるのは確かですが、不適切なやり方をしてしまうと、かなりの逆効果となることもあるので気をつけましょう。

「オウム返し」において避けておきたいポイントは、〝会話を奪うための繰り返し〟と〝ネガティブな繰り返し〟です。

〝会話を奪うための繰り返し〟とは、相手の言葉を繰り返しながら、自分の話に持っていってしまうケースです。
「この間、テレビに出ていたあの店に行ってみたんだ」

「あの店に行ったんだ！　私も行ったよ！　でもあまりにも混みすぎでさ……」

というパターン。話を奪われた方はそれ以上何も言えなくなってしまいます。

〝ネガティブな繰り返し〟とは、相手の発言のネガティブな部分を拾ってしまうケース。

「勇気を出して挑戦してみたんだけど、失敗しちゃったんだよね……」

「失敗したんだね」

というパターンです。これではただでさえ傷ついている相手の心に塩を塗るようなものですよね。相手が受け取ってほしいのは、「失敗した」ことより、「挑戦した」ことであり、「勇気を持って挑戦したんだね」と言ってくれた方が救われるのではないでしょうか。

同じ繰り返しでも、〝どこをどのように〟の意識があるかないかで効果はかなり違ってきます。無意識に何でも繰り返すのではなく、意識を持って効果的に活用しましょう。

24 うまく聞ける人は漠然と繰り返さない！

25 うまく

聞ける人は次の話につなげ、聞けていない人は自分の話につなげる。

あれこれ余計なことを考えながら聞くのではなく、今ここで話されている内容に集中する、というのは聞く姿勢において重要なことです。

とはいえ、ただ「今の内容」だけに集中していると、相槌や共感はできても、自分の意見を言ったり、そこから話を発展させたりすることが難しいこともあります。

相手の言葉を〝しっかり聞いている〟だけでは、「どう思う？」と聞かれたときに、返す言葉がすぐに見つからずに戸惑ってしまい、かなり意識を持って聞いていたにもかかわらず、「聞いてなかったでしょ」なんて言われてしまったりするのも心外ですよね。

会話のボールをしっかり受け取ったら、それをただ大事に握りしめるのではなく、工夫

を加えながらちゃんと返すからこそ、会話は〝弾む〟わけです。

言葉を受け取るだけでなく、つないでいくということですね。

ただ、そのつなぎ方も、返してさえいればなんでもいいわけではありません。

特に聞けていないつなぎ方をしてしまうと、会話は弾むどころかぎこちなさをつくったり、相手の心に違和感や軋轢を生み出してしまったりすることもあります。

もっともおすすめできないつなぎ方は、すべてを「自分の話」につなげていく方法です。14項でもお伝えしましたが、たとえば「私のときは」「私の場合」「私のところは」「私なんかは」といった言葉を返すと、当然ながらそこから「私」の話にシフトしていきますよね。

相手の話がまだ途中なのにそこに入っていくのは、〝会話の割り込み〟です。

「自分の話」ではなく「次の話」につなげていけると、会話が弾むだけでなく、話の幅を広げながら、お互いに会話をもっと楽しむことができていきます。

具体的なキーワードとしては、**「それって」「今の話って」「さっきの言葉って」**といったような言葉が挙げられます。

相手の話の内容や出てきた言葉を使って、確認したり、感想を述べたり、別の見方を提案したりするように話をつなげていくと、〝あなたの話をしっかり受け取りましたよ〟というサインとしても伝わっていき、話し手の喜びや満足度も上がります。

うまく聞ける人は、これを自然にしています。

もちろん自分の話をすることもあるのですが、あくまでも話の軸は相手に置くようにするので、〝割り込み〟や〝会話泥棒〟のような印象を与えることがありません。たとえばあなたが、好きなアーティストの話をしていたとしましょう。次の例のどちらの方が、よりその後の会話を続けたくなりますか?

A「そっか、あのアーティストが好きなんだね。私が好きなのはその人より〇〇かな。実はこの間ライブにも行ってきたんだ。私のプレイリストは〇〇の曲ばっかりだよ」

B「そっか、あのアーティストが好きなんだね。さっき『元気もらえる』って言ってたけど、一番元気になれるのってどんな曲？　実は今、元気が出る曲を集めたプレイリストをつくってるんだよね」

相手の話をきちんと受け取った上で、しっかり投げ返しているという意味ではどちらも同じです。

でも、Aは全部を自分の話にもっていってしまっているため、相手の話に広がりは望めず、そのまま強制終了になってしまうかもしれません。一方Bは、相手の言葉をヒントに広げながら自分のことも話しているので、相手の話しやすさを邪魔していません。

「この話をどう広げていけるだろう」と考えるようにすると、ちゃんと聞いていないことには広げることなど不可能なので、自然に集中して聞く姿勢と意識も高まっていきます。もらったボールは、「次につなげる」という気持ちで話を聞いていきましょう。

25 うまく聞ける人は相手の話から次の話につなげる！

26

うまく聞ける人は小道具も活用し、聞けていない人は目を見るだけで精一杯。

〝百聞は一見にしかず〟ということわざがあるように、実際に見ることによって、一目で理解できることって結構ありますよね。

たとえば、どんなに綺麗な景色であっても、それについて色や形などをひたすら言葉だけで説明されても、ぼんやりとしかイメージできません。写真を見せてもらえばその美しさをすぐに理解できます。

とはいえ、会話の際にいつも写真や見せられる資料があるとは限りません。特にイメージや雰囲気など、伝えるのに苦労するようなことも少なくないですよね。

うまく聞ける人は、誤解のないように聞くためにも、**その場にある小道具などを「視覚**

化」に活用することがよくあります。次のようなイメージです。

・相手の話のイメージから受け取ったものを絵や図にして描く
・その場にあるものを、話の登場人物にたとえて使う
・類似のものや似たようなイメージをさっとスマホで検索する

たとえば、レストランのテーブルの上にある塩・こしょうの小瓶などを、登場人物に見立てて、それを動かしながら話の状況を再現するようなイメージです。話に出てくる人数が多く、混乱しやすいときなどに、視覚的に整理しながら理解しやすくなります。

スマホもずっと見ていると「心ここに在らず」のように見えてしまうツールではありますが、一時的にその話の内容を理解するために調べたり、写真を探したりするのは、逆に「興味関心」を表す小道具にもなります。

小道具は、理解のための視覚化だけでなく、ときに言葉以上に優しさや気遣いを伝える

ツールになることもあります。

以前、悲しい出来事について話していて、つい涙が込み上げてきたとき、話を聞いてくれていた友人が何も言わずにそっとティッシュを手渡してくれたことがありました。

泣いている自分って少々恥ずかしい部分もありますし、じっと見られたり、過剰に反応されたりしたくはないものです。

無理に励まそうとするのでも慰めようとするのでもなく、そうやってただ寄り添ってくれるような行為がありがたく、聞いてもらったのがその人でよかったと思いました。

聞けていない人は、相手の目をしっかり見て聞くということには一生懸命なのですが、言葉だけで必死に理解しようとする割には、あまりきちんと受け取れておらず、分かった気になってしまっている、なんていうこともあります。

同じ言葉でも、人によってその使い方もそこに込める想いも違うものです。

相手にとっての「綺麗」と自分にとっての「綺麗」が必ずしも同じであるとは限りません。相手が言う「あの人」は、こちらが思い浮かべている「あの人」とは違う人かもしれません。

話を聞くにあたって、相手との間にズレが生まれないように〝理解を揃える〟ことはとても大事なことなのです。そのために、「視覚化」は有効であり、小道具をうまく使うことが理解を深めることにつながることがあります。

26 うまく聞ける人は視覚化する！

「聞く」は「理解」であると考えると、耳だけでできることは限られます。

正対し、相手の目を見ることが基本姿勢であることは確かですが、ただじっと見つめて、耳だけを傾けていれば相手をしっかり理解できる、というわけではありませんよね。

つまり「聞く」とは、ただ「言葉」を聞いているのではなく、「その人の言葉」を聞いているということです。相手の言おうとすることをきちんと理解し受け止めるために、小道具も使いながらあえて「視覚化」することを、もっと積極的に取り入れてみませんか。

27 うまく聞ける人は表情で相槌を打ち、聞けていない人は表情に無自覚。

聞き上手な人は、表情豊かです。言葉だけでなく、表情も使って相槌を打ちながら、相手の話を「受け取っている」という印象をしっかりと伝えています。

驚くときは目を見開き、真剣な話のときは眉と口をまっすぐにし、悲しい話には眉尻と目尻を下げ、嬉しい話には思いっきり笑顔になるといったように、顔の筋肉を使いながら話を聞いているのです。

話し手は、聞き手の顔を見ながら話していることがほとんどです。

その表情から、相手の反応を読み取り、その反応に合わせてときに無意識に会話を調整していきます。

人間の表情の中で、もっとも相手を不安にさせるのは「無表情」と言われています。「怒り」や「嫌悪」などの表情も不安にはなりますが、相手が怒っていることや嫌がっていることが分かる分だけマシです。「無表情」は文字通り「無」なので、何を考えているのかが分からないからより不安になるのです。

心理学に「スティルフェイス実験」というものがあります。

発達心理学者のエドワード・トロニックによって考案された実験で、母親の無表情が、赤ちゃんにどのような影響を与えるのかを調べたものです。

流れとしては、いつも通り笑顔で接していた母親が、突然無表情になります。すると赤ちゃんは、最初のうちは母親の興味を惹こうと、手を動かしたり笑顔を見せたりします。

ところが母親の反応がないままだと、だんだんと笑顔がなくなり、泣き出してしまうこともありました。母親が笑顔に戻るだけで、赤ちゃんにも笑顔が戻りました。

母親がそこにいるということに変わりはありません。けれども存在があっても表情がなくなるだけで、赤ちゃんにとっては恐ろしいことになるわけです。

これは、なにも赤ちゃんに限ったことではないのではないでしょうか。反応が目で見て分かるから安心できるというのは、大人でも同じですよね。

とはいえ、表情が動かない人も、「動かさない」と決めているというより、いつの間にかそうなってしまっていることがほとんどです。

そもそも表情というのは、自分が思うほど表に出ていないものなのです。

販売の仕事をしていたときに、「**笑顔は3割増しでちょうどいい**」と教わりました。自分がちょうどいいと感じる笑顔は、相手から見るとあまり表情が動いているようには見えず、3割増しくらいに筋肉をしっかり動かしたときに笑顔に見えるということです。

ほんのりと笑顔でいるのも悪くはありませんが、「薄ら笑い」「ほくそ笑む」といった言葉があるように、はっきりしない笑顔はときに相手を不快にさせることもあります。

他の表情も同様です。「眉がピクッと動く」「口元がわずかに歪む」「少しだけ目を細める」といったような、ちょっとした表情の変化は、裏の気持ちがあるように感じさせたり、不満や文句があるようにも見えたりして、話し手を不安にさせてしまいます。

また、表情は声も変えます。

「えぇ！」という驚きの言葉を、そのまま言うのと、眉を上げて目を開いて言うのとでは、発せられる音が変わってきますよね。言葉を、ただそのまま言葉として相手に届けるのか、表現として相手に届けるのかは、表情や声で変わってくるのです。

表情豊かな人が聞き手として喜ばれるのは、言葉だけでなく表現を返してくれるからです。表情が言葉の意味を強め、他意や含みなく素直に反応を相手に届けていく、それが話し手にとってとても心地がよいのです。

思っている以上に表情は表に出ないということを自覚して、もう少しだけ顔の筋肉も使って、人の話を聞くようにしてみませんか。

27 うまく聞ける人は表情でも表現する！

第5章

仕事・人間関係がうまくいく秘訣

28
うまく聞ける人は意見を交わすことを大事にし、
聞けていない人はぶつかることを避ける。

現在、地球上には約80億人以上もの人間がいます。その中には、気の合う人、意見の合う人もいれば、そうでない人もいるでしょう。

できれば、対立したりぶつかったりすることはなるべく避けたいですよね。コミュニケーションの相談にいらしてくださる人の中にも、「相手とぶつからないためのコミュニケーション法を知りたい」とおっしゃる方が少なくありません。

残念なことに、そんな方法はない、と申し上げるのが正確でしょう。

というのも、相手は自分とまったく同じ人間ではありませんから、意見や考えがすべて一致するなんてことはないのです。どうしてもぶつかることを避けたかったら、関わらないという選択しかなくなってしまいます。

そもそもコミュニケーションおよび会話は、相手とぶつからないためにあるのではありません。

ときに激しくぶつかり合うことがあっても、コミュニケーションや会話を通して、相手を理解し、歩み寄るためにあるのです。

だからうまく聞ける人は、**意見がぶつかることを必要以上に恐れません。対立したとしても、素直な意見を交わし、相手を理解することを大切にしています。**

相手のどこが自分と似ていて、どこがまったく違うのか、会話を通してそこを受け取ることで、相手に対するもっとも心地よいコミュニケーションのあり方を探っています。

それによって、自分を守ることができている、とも言えます。

対立を避けてばかりでは、問題が起きたときに「だってあのとき何も言わなかったじゃない」と責任を押し付けられたり、「何も言ってこないということは同意している」と勝手に認識されてしまったり、後になって深く傷つくことにもなりかねませんよね。

ぶつかることを避けたり逃げたりするのは、その場しのぎにしかなりません。

相手がどういう人間なのかを知るために、その人に対する付き合い方を考えるために、ぶつかることも大切なのです。

とはいえ、次のような側面が目立ったら、向き合うことに固執するよりも、適切な距離感が必要な相手とも言えます。

・敵意剥き出しの人
・暴言ばかりを吐く人
・こちらの話をまったく聞かない人
・コントロールしてこようとする人
・感情的に怒鳴りつけるなど、力ずくで押さえつけようとする人

誠意のない相手に誠意を向けるのは辛く苦しいものです。相手の言い分を聞いた上で、そっと距離を取る選択をする、それができるのもしっかり聞いたからこそですよね。

ぶつかることは、決して悪いことではありません。

私も、意見の違いから相手と激しくぶつかった経験が何度かあります。

その瞬間は心も耳もとても痛かったのですが、素の自分を出し合ったおかげでお互いのことがよく理解できて、より仲良くなったこともたくさんありました。

もちろん、逆にその結果、相手との間に距離感が生まれてしまったこともありますが、あのまま無理に仲良くしようとしてもお互いに不満が募ったでしょうから、今はかえってよかったのだと思えます。

相手をきちんと知るためにも、ぶつかることを怖がらずに、相手の心を聞いていきましょう。

28 うまく聞ける人は意見を交わす！

29

うまく聞ける人はまず大枠を掴もうとし、聞けていない人は細かく理解しようとする。

会話をするときに、頭の中が完全に整理されていることは少ないのではないでしょうか。

日常会話はセリフではありませんから、台本に沿って進んでいるわけではありません。誰しもが、その場で浮かんだ考えや想いを、自分の知っている中でもっとも適切だと思われる言葉にして、発言しています。

話し手自身も、話しながらだんだんと整理していっているのです。

それにもかかわらず、**聞けていない人は相手に完璧を求めてしまいます。**理路整然と、細かいところまで丁寧に、分かりやすく話してくれることを期待します。

けれども、先に述べたように、ほとんどの人が整理しながら話していますから、前後が逆になったり、大雑把に枠組みだけを話したりということもしょっちゅうあります。聞けていない人はそこが気になって仕方ないので、都度指摘するわけです。

「もっと分かりやすく時系列で話してよ」
「一つずつ丁寧に言ってくれなければ分からない」
「なんで話がずれていくわけ？」

こうなると、話し手は焦って余計混乱するか、恐縮して話せなくなるかのどちらかでしょう。

うまく聞ける人は、細かいところを詰めていくより、大枠で全体を理解することを大事にしています。だから、細かいところを何度も蒸し返して聞くとか、曖昧なところがはっきりするまで話を先に進めないといったことがありません。

イメージとしては、ざっと最後まで聞いてから、「つまりこういうことかな？」と概要を確認し、必要に応じて細かい点について聞いていくのです。

そもそも、相手の話を、つねにすべて細かいところまで理解することが必要なのでしょうか。

話を聞くときに大事なのは、**「相手が何を一番伝えたいのか」**を掴むことです。

たとえば自己紹介を聞いたとしましょう。

相手は、生い立ちから出身校、家族構成やこれまでの経験、趣味や今何をしているかといったことを思いつくままに話していたとして、すべてを順番に細かく理解しなければ、その人のことが分からないでしょうか。

相手は、話しながら色んな出来事を思い出して、その人自身のことではないことに話が飛んでいくこともあるかもしれません。

色んなことをランダムに話している中で、相手が最初にもっとも伝えたいのは、「名前」と「どういう人間なのか」ということですよね。

それならば、聞き手として掴むのはまずはその部分です。

自己紹介なら、「名前」「何をしている人なのか」を掴んでみましょう。その他の細かい部分については、話の流れで必要に応じて掘り下げ、確認しながら聞いていきます。その全体の流れの中で、その人の〝人となり〟が少しずつくっきりしていくのです。

絵を描くときに、いきなり色をのせる手法もありますが、多くの場合、まずは大まかな下書きをしてから色をつけていきます。

話を聞くというのもそれと同じイメージと言えます。**まずは大まかな全体像という線を引き、そこに詳細という色をつけていくことで、相手像が完成していくのです。**

丁寧に聞くという姿勢は大事ですが、あまり細かく聞くことにこだわると、かえって一部しか聞けないことになりかねません。

まずは大枠を掴むという耳で、相手の「何を伝えたいのか」を掴むように聞いていきましょう。

29
うまく聞ける人は「相手が何を一番伝えたいのか」で大枠を掴む！

30

うまく聞ける人は具体的な言葉を使い、聞けていない人は曖昧な言葉を使う。

「行けたら行く」「別に普通」「やりたくないわけじゃない」「それってなんかあれだよね」など、日本語には曖昧な言い回しがたくさんあります。

こういう言い方に対する受け取り方は人によって異なりますし、日本人はそもそもあまり直接的な言い回しを好まない傾向が強いと言われています。

ですから、曖昧な言い回しがＮＧであるとは言い切れません。むしろ、はっきり言われると攻撃的できつく聞こえるという場合があるのも確かです。

とはいえ、だからといって曖昧な言葉ばかりを多用していると、柔らかく伝えることはできる反面、**相手に誤解されやすかったり、はっきりさせないことで自己防衛意識が高す**

ぎるような印象を与えたりしてしまうこともあります。

かつての職場仲間に、何かに誘えば「行けたら行く」、何かを頼めば「できないわけじゃない」、意見を聞けば「別にそれでいい」と言うのが口癖のAさんがいました。

態度は決して冷たいわけではなく、むしろ穏やかな気のいい雰囲気を持っている人です。でも、口調が終始そういうスタイルなので、周囲からの評判は「面倒くさい人」となっていました。

「Aさんも誘ってみる？」

「彼はきっと〝行けたら行く〟だから、今回急ぎだし声かけなくてもいいかも」

このようなやり取りがよく聞こえてきました。

周囲の人は決して彼を嫌っているとか、除け者にしているということではありませんでした。ただ、曖昧なやり取りから生まれる余計な手間を避けたいために、選べるならば別の人、という意識が広がっていたようです。

本人にとっては、関わりの機会や時間を失っているという意味では、ずいぶんと損してしまっているなと感じました。

うまく聞ける人はなるべく具体的な言葉を選ぶことで、相手の手間を減らしています。行くなら「行きます」、できるなら「できます」、断るなら「今回は遠慮します」など、はっきりとした言い方をするので、相手もその後の動きが取りやすいのです。

もちろん、答えがはっきり分からず、答えられないときもあります。そういうときも、曖昧にぼんやり言わず、具体的にきちんと伝えることを心がけています。「今はまだはっきり言えないのだけれど、返事は何日までにしたらいい？」「確認して、明日また連絡するね」といったイメージです。

「これ・それ・あれ」といった指示語も最小限にすると分かりやすくなります。「それ取ってくれる？」ではなく「その〇〇を取ってくれる？」、「あれってどうなったの？」ではなく「あの〇〇の件って、その後どうなったの？」というように、可能な限りきちんと言葉にする意識を持つだけで、すっきりとした会話になります。

自分が話すときはこういったことを意識して言葉を選んでいるという人でも、**聞くときになるとたんに曖昧になっていることが少なくありません。**

話すときには「私はこう思う」「それってこういうことだよね」と言っていたのに、人の話を聞くときになると「それはなんかちょっとあれなんだよね」とか、「私は別にいいといえばいいんだけど」といったような、なんとなく奥歯にものが挟まったような言い方になっていたりします。

水も空気も濁ると視界が悪くなるように、曖昧な言い方は言いたいことがはっきり見えません。むしろ、何か裏の気持ちがあるような、隠し事があるような印象になってしまうこともあります。具体的な言葉ですっきりした会話にしていきましょう。

30 うまく聞ける人は具体的に言う！

31

うまく聞ける人は相手の感情を理解し、聞けていない人は相手の感情に振り回される。

強い感情をぶつけられると、冷静さを保つのが難しいことってありますよね。

相手がとても怒っていたり、厳しく非難しながらクレームをぶつけてきたり、といったケースです。

冷静に受け答えをしようとしても、言い返したくなったり、同じように怒りや嫌味の一つも投げ返したくなったりするのではないでしょうか。

けれども、負の感情をいくらラリーしたところで、あまりよい結果は望めないものです。ただでさえ強い感情をぶつけてきている相手は、こちらが強く返せばそれ以上に強く返そうとするだけです。

そうなると、お互いにヒートアップするばかりで、事態はどんどん悪化していきますよね。それはとてもストレスの溜まる、そしてとんでもなく疲れる状況を招きます。

うまく聞ける人は、自分の意識を、相手との〝戦い〟ではなく〝理解〟に向けていくようにしています。そうすることで、相手との余計な争いを生まないだけでなく、余計な疲労やストレスをつくらないことで、穏やかな気持ちを保つことができるからです。

〝理解〟というのは、つまり自分と相手を切り分けて考えるということでもあります。

具体的には、**「この人は、」と付けて考えながら聞いていきます。**

「この人は、こういうことが嫌いなんだな」

「この人は、こういうことにこんなにも腹が立つんだな」

「この人は、これについて、そういう風に受け取ったんだな」

といったように、「この人は、」と付けて考えることで、自分の考えや価値観ではなく、その人の考えや価値観だと認識しやすくなります。

ここを「私なら、」としてしまうと、どうなるでしょう。

「私なら、別に嫌いじゃないのになんで？」
「私なら、そんなに腹が立つことでもないのになんで？」
「私なら、そうは受け取らないのになんで？」

このように、「なんで？」という言葉が浮かびやすくなるので、相手を責めたり、言いくるめようとしたり、文句や不満を言いやすくなったりしてしまいます。

聞けていない人はどちらかというとこの傾向が強いようです。

「私なら……なのになんで？」と、相手の感情に振り回されて言い返してしまうため、心理的に負担になるような会話を延々と続けることにもなりやすいのです。

あなたがどう思っていて、どう感じていたのだとしても、相手は確かに発している言葉通りに思っているのです。そう思う理由や根拠には、これまでの長い人生で積み上げてきた価値観がぎっしり詰まっているのですから、そう簡単に覆るものでもないでしょう。

相手の感情に振り回されて自分の感情が掻き乱されてしまっては、冷静な対話なんて不可能です。泥を投げ合うように言葉を投げ合っても、楽しくはないですよね。

そうはいってもどうしても冷静ではいられない、という方は、**相手を一旦テレビの向こうの人のように眺めてみる**ことがおすすめです。

仮にテレビの画面上に、自分と真反対の意見を言っているタレントが出ていても、テレビに向かって真剣に言い返して、言い負かしてやろうとは思わないですよね。せいぜい「なんなの、この人」といったような独り言をつぶやくぐらいでしょう。

そういうイメージで、相手との間に心理的な距離をとってしまえば、相手の感情に振り回されることは少なくなります。

「この人は、そうなんだなぁ」と観察するように理解に努めるようにすると、相手の感情も貴重な理解の材料になっていきますよ。自分の心を守るためにも、ひどい言葉や態度は画面越しに眺めるようにしてみましょう。

31 うまく聞ける人は自分と相手を切り分ける！

32 うまく聞ける人は一つずつ質問し、聞けていない人は一気に質問する。

講演や研修などに行くと、最後に質疑応答の時間が設けられていることがよくあります。

質問には、その人の興味関心がもっとも表れますし、こちらの話を深く理解してくれている、または理解しようとしてくれていることが伝わってくることも多く、質問してくれるだけでその人との距離感が縮まるような感覚を覚えます。

人によって質問スタイルも様々ですが、大きく2パターンがあります。

・文章を区切らずに、聞きたいことを一気に聞く
・一つの項目ごとに内容と文章を区切りながら、一つずつ聞く

前者の質問は、たとえば次のような感じです。

「先ほどのお話の中では、ビジネスシーンでのたとえでお話しされていましたが、これはプライベートでも同じことが言えるのかということと、例文にあった回答の他にどんな言い回しがあるのか、あと、これを後輩に伝えるとしたらどういう場でどのように伝えるのが効果的か、といったことがお聞きしたいです。それと……」

ここまでで、3つの質問が交ざっています。こういうケースの場合、回答漏れがないように質問内容を要約して確認してからお伝えするようにはしていますが、正直一度聞いただけでは覚えきれていないこともあります。

そういうときは「恐れ入りますが、もう一度質問内容を確認してもよいでしょうか？」と聞いて、キーワードをホワイトボードに書くこともあります。

ところが、質問者自身も自分の言ったことを忘れてしまっていたりすることもあり、なんとなくお互いに気まずさを感じてしまうことも……。

一方、同じ内容でも後者の質問は、こういうイメージになります。
「お聞きしたいことが3点あります。活用シーンとさらなる言い回し例、後輩への指導法です。まず、活用シーンからお伺いしてもいいでしょうか…（話し手が回答）…ありがとうございます。次に、言い回し例について……」

最初にいくつの質問があるのかを明確にしてから、一つずつ聞いていきます。質問↓回答という一往復ではなく、質問も会話のスタイルで行っています。

質問する側も自分の中の疑問をしっかり解消していけますし、質問される側も、相手が知りたいことへの理解が早くなり、より相手の意図に沿った回答を心がけることができます。

話が行ったり来たりしないので、時間も短くなりますし、流れがスムーズです。

「短い時間で次々に」という意味の言葉に、〝矢継ぎ早〟というものがあります。

なんでも矢継ぎ早に間がなく行われると、焦りや忙しなさが生まれるだけでなく、漏れが生まれたり抜けが生じたりするリスクが高まります。

お互いをしっかり理解することがコミュニケーションの目的であるならば、スピード感よりもじっくり丁寧に進めることが大切です。

近年は特に、「タイパ（タイムパフォーマンス）」という言葉が生まれるくらい、スピーディーに無駄なく、ということが求められるようになってきています。

とはいえ、猛スピードで走る車からは、道端の小さな花が見えないように、スピードを上げることで、かえって大事なことを見落とすこともあるのではないでしょうか。

効率化のつもりが逆に非効率な状況をつくり出すことも考えられます。時間を有効に使うためにも、会話は一つずつ丁寧に行っていくようにしたいですね。

32 うまく聞ける人は質問も会話のスタイルで行う！

33

うまく聞ける人は相手にフィードバックを求め、聞けていない人は自分への賞賛を求める。

相手の話を「聞いている」ようで、実は自分が言ってほしいことを「言わせている」というケースは少なくありません。

「その話について、こう考えてみたのだけれど、これよくない？」
「それって絶対こうだと思うんだよね、あなたもそうじゃない？」
「それは誰が聞いてもおかしいよね、そうでしょ？」

こう聞かれてしまっては、たとえ違った意見を持っていたとしても、言いにくいですよね。親しい相手なら反論もできるかもしれませんが、そうでもなければ「いや、私は違う」とはっきり言いづらいこともあるものです。

それどころか、胸を張っている相手に気を遣って、「そうですよね」「すごいですね」「さすがですね」なんて言葉まで加えてしまうかもしれません。

言っている本人は、その言葉がほしくて聞いているという部分も大きいですから、それを聞いて満足して、気分がよくなっていたりします。でも、**聞かれた側は、100％本心とは言えないようなお世辞を言ってしまったと、複雑な想いを抱えていることもあります。**

聞けていない人が損してしまっているのは、相手に複雑な想いをさせてしまっているだけではありません。

期待通りの言葉を聞けて満足してしまっているために、そこにどのくらい心がこもっているのかといった、言葉の核となる大事な部分を受け取り損ねてしまうのです。

それは自己満足を生むことはあっても、相互満足にはつながりません。

むしろ「あの人に聞いてもらっても、気を遣うだけだからもうやめよう」と相手に思わせてしまうかもしれませんよね。

うまく聞ける人は、自分の考えや意見に相手を合わせさせるような聞き方はしないものです。それよりも、**自分の考えや意見に対して、きちんとフィードバックをもらうことを大切にしています。**

具体的には、「どうなのかな」「どうだろう」という言い方をよくしていたりします。

「それは○○に違いないでしょ？」↓「どうだろう、○○という見方もできないかな」
「あなただってそうでしょう？」↓「もしそれがあなただったらどうだろう？」
「そんなのこうに決まっているよね？」↓「私はこうだと思うけど、どうなんだろう」

自分の意見は意見としてきちんと伝えるのですが、**断定して終わるのではなく、疑問のニュアンスを残しておきます。**

それによって、相手も意見が素直に言いやすくなるのです。この、「どうだろう」というほのかな疑問を残した聞き方は、会話を柔らかくしてくれる効果が高い言い方です。

もちろん、すべての言葉に「どうだろう」を付ければいいわけではなく、過剰にすると耳障りになりますので、状況に応じて使った方がいいのは確かです。

けれども、先ほどの例の前者で聞かれるよりも、後者で聞かれる方が、素直な自分の考えや気持ちを、伝えやすくなるのではないでしょうか。

会話とは、相手が求める言葉を並べ立てることでも、自分が聞きたいことを聞けるように仕向けることでもありません。お互いにそれをしていたら、会話は激しい駆け引きや戦いになってしまいます。

会話は、お互いが素直に自分の気持ちを言い合って共有するためにあります。

相手の言葉を自分の都合のいいようにコントロールすることがないように、「どうだろう」をもっと取り入れてみるのはどうでしょうか。

33 うまく聞ける人は疑問のニュアンスを残す！

34 うまく聞ける人は雑談を大事にし、聞けていない人は要点だけを大事にする。

「余計なことは言わなくていいから、要点だけ話して」

そう言われたら、あなたならどう感じますか？

無駄のない合理的な人、と捉えることもできますが、どこか漂ってくる冷たさや緊張感によって、〝話しやすい人〟とは感じにくいのではないでしょうか。


確かに話は短い方が理解しやすいですし、細かい説明より、要点を把握することが先決であることに間違いはないのかもしれません。

けれども、想いや考えというのは、すべて言葉にしやすいものではないですよね。


感情は様々な要素がグラデーションのように混ざり合っていることが多く、一つの言葉に集約しきれないことがたくさんあります。喜びの中に寂しさや辛さが含まれていたり、怒りの中に悲しみや悔しさが混ざっていたりします。

言葉にしたいけれどうまくできない、なんてことはしょっちゅう起こり、あなたも経験があるのではないでしょうか。

そういったすぐに言葉にできない・言葉にしにくいものは、間や余白、脱線した部分などに多く含まれているものです。

〝話を聞く〟とは、その余白の部分も含めて受け取るということです。

そもそも、「余計」「余分」「無駄」というのは、聞き手が勝手に決めているだけに過ぎません。

何が余計なことなのかは、すべてを聞いてからしか分からないはずですし、それが無駄な話なのかどうかも、一度すべてを出して並べてみることで明らかになるものです。

刑事ドラマなどでも、一見まったく関係なく無駄に見えた証言が、とても重要なものだった、なんて展開がよくありますよね。

だからこそうまく聞ける人は、会話の余白にあたる雑談をとても大事にしています。表面的にはまったく関係のない話に聞こえたとしても、(今ここでこの話題が出てくることにもきっと何か意味やヒントがあるのではないか)という気持ちを持って受け止めているのです。

雑談というと、場を和ませるとか、リラックス効果があるとか、相手に対する安心感の土台をつくるとか、そういった部分がクローズアップされがちです。

もちろんそういった要素のために必要なのも確かですが、それ以上に相手の感情や気持ちをより多く、より深く受け取り、相手を理解することにつながるというのが大きなメリットと言えます。

とはいえ、「雑談は苦手」という人もいるでしょうし、「何を話したらいいか分からなくて困る」という人もいるでしょう。

もしそんな気持ちが湧いてきたら、ぜひ思い出していただきたいのが、**「聞く」のも雑談**だということです。相手が話す内容を、勝手に選り分けたり分別したりせず、相手から言葉が発せられることを喜び、何気ない会話を楽しむ姿勢を持てれば十分なのです。

でもいざ雑談も含めて話を聞こうとしたものの、相手が寡黙なタイプで言葉数が少なく、会話がなかなか弾まないといったこともあるかもしれませんね。

そういう場合は、シンプルに**今そこにあるものについて聞いてみてはいかがでしょうか。**相手の持ち物、部屋の中、窓の外、聞こえてくる音、漂ってくる香り、それらはすべてがその時点において相手との共有物ということになります。

「ここにこんなものがありますよ」「あれはなんですかね？」と聞いてみるだけでも、十分雑談が成立していきます。

34 うまく聞ける人は話の余白も大事にする！

雑談を単なる「テクニック」と捉えるのではなく、時間と感情の共有のための「会話の一部」と考えて、その部分にもしっかり耳を傾けていきましょう。

35

うまく聞ける人は相手に合わせたたとえを使い、聞けていない人はマニアックなたとえを使う。

「それはつまりこういうことですか？」

相手の話を咀嚼して、要約したりたとえを使って確認したりするのは、誤解を生まないためにとても有効な聞き方の要素の一つです。

そして、ここにどんなたとえを使うかという部分には、その人の感性やセンスなどが表れやすい部分でもあります。

うまいたとえには、主に次のような共通点があります。

・共通概念と共通認識を踏まえている

「共通概念」とは、お互いに共有している客観的な事実のことです。「地球は丸い」「血は赤い」といったようなことが挙げられます。

「共通認識」はお互いが持つ感覚で一致する部分です。たとえば日本では多くの人にとって「8月は暑い」という認識ですが、オーストラリアの人にとっては季節が反対なので、「8月は寒い」という認識ですよね。こういうことは「共通認識」にはなりません。

・相手にとって身近なものである

たとえば、「うちの近所の○○さんみたい」と言われても、その人を知らなければたとえの意味がよく分かりません。相手にイメージが浮かばなければ意味がないですよね。

・具体的にイメージしやすい

「具体的にイメージ」というのは、ぼんやりとたとえるのではなく、はっきり言葉にするということです。たとえば、ただ「海のようだ」では漠然としていますが、「海のように広くて深い」と具体的に言葉にすると、よりはっきりイメージしやすくなりますよね。

・適切なスケール感を持つ

「適切なスケール」とは、大きさや高さ、広さなどのスケールがイメージに合っているということです。

「ちょっと大変」と言っているのに、「それはエベレスト登頂級だね」なんて言われると、「いやそんな大袈裟なものではなく……」と訂正したくなったり、「茶化さないで」と思ったりするかもしれません。スケール感が合っていないと会話はかみあいません。

・適度なユーモアを含む

少し笑いを誘うような言葉を使うことで、緊張感を和らげたりリラックス効果を持たせたりすることができます。

「緊張する」と言っている人に、ただ「大丈夫だよ」と言うだけより、「取って喰われたりはしないから大丈夫だよ」と伝えるとより笑顔になれたりしますよね。

うまく聞ける人はこのたとえを、相手に合わせて組み込みながら話を聞くので、より「分かってくれている」という安心感を生み出しています。

聞けていない人は、〝うまいことを言おう〟とするあまりに、奇をてらったようなマニアックな言葉を使ったり、内容とかけ離れた表現をしたりして、「どういう意味?」と聞き返されることもあります。

以前職場で、書類の整理を頼まれたので、ファイルの色を揃えて番号順に並べて、報告に行ったところ、それを確認しに来た上司に「九蓮宝燈（チューレンポートウ）並みの美しさだね」と言われたことがあります。（ちゅーれん…?…?）と、意味がまったく分からず、どう反応したらよいのか困ってしまいました。

後で教えてもらったところでは、「九蓮宝燈」とは、麻雀の上がり役の一つで、その並びから〝美しい役満〟と言われているのだそうです。麻雀に詳しくない私には、それが褒め言葉なのかどうかもよく分かりませんでした。

たとえは、〝うまいことを言う〟ためではなく、〝より分かりやすくする〟ために使うもの。相手にとって分かりやすい言葉を使いましょう。

35 うまく聞ける人は分かりやすくするためにたとえる！

36

うまく聞ける人は逃げ道を残しながらお願いし、聞けていない人は自分の都合だけで頼む。

お願いしたいことや頼みごとがあるときに、相手の都合や意向を含めて聞くのは大事なことです。自分の都合だけで聞くと、聞いているというより単に押し付けていることになりかねません。

聞けていない人は、つい自分の都合を優先させるような聞き方をしてしまって、相手に嫌な想いをさせていたり、〝自分勝手〟〝わがまま〟という印象を与えてしまっていたりします。さらにはそれに自分では気付いておらず、相手のネガティブな反応だけを見て「あの人は冷たい」「協力的でない」などと文句を言っていることもあります。

人に頼ることは決して悪いことではありませんし、人がスムーズに仕事や生活をするためには、他人の協力が必要不可欠です。

けれども、忘れてはならないのは、**お願いごとをすることが自由であるのと同様に、相手にはそれを受け取る自由も断る自由もあるということです。**

そこを忘れてしまうと、有無を言わせない聞き方をしてしまうことがあります。

たとえば、「これ、お願いね」というのは、かろうじて「お願い」という言葉を使ってはいますが、まったくお願いになっていないですよね。こういう伝え方は「お願い」ではなく「押し付け」になってしまっています。

押し付けられて気分のいい人はいません。聞き入れるどころか、反発や反抗をしたくなったり、そういう相手に対して嫌悪感を抱いたりする結果になりやすいものです。

聞ける人のお願いが、関係性にヒビを入れることなく聞き入れてもらいやすいのは、押し付けがましくならないような工夫をしているからです。

具体的には、次のようなことを心がけています。

・感謝を先に伝える
・「もし〜」という言葉を添える（もし可能なら〜、もしよければ〜、もし分かれば〜、もし時間があれば〜など）

感謝を先に伝えるというのも、押し付けがましさの緩和にはとても有効です。

「いつもありがとう」「この間は助かりました」など、感謝の気持ちを伝えられて嫌な気分になる人は少ないでしょう。いきなりお願いごとだけされたら不快になるかもしれませんが、その前にこれまでの感謝をまず伝えてくれたら、ちょっと温かい気持ちで受け取れますよね。

〝感謝は最後に添えるもの〟というイメージが強く、お願いごとを聞き入れてくれたら感謝するという流れが多いものです。

けれども、**感謝は最後でなければならないなんてことはありません。**あえて感謝を先に伝えるからこそ、聞き入れる耳をつくってもらいやすくなりますし、何より気持ちのよい関わり方ができるようになります。

「もし」はあくまでも仮定なので、その一言だけでも選択の幅が広くなります。

いわば、「逃げ道」を残せるということです。頼まれた側に、時間がない、分からない、できないといった引き受けられない理由があっても、頼んだ側が断りのハードルを下げてくれているので、「申し訳ないけれど」という言葉を言い出しやすいのです。

お願いごとをするときや、相手の意向を聞きたいときは、先に感謝を伝え、「もし」と逃げ道を残しながら聞いてみることで、相手の選択の自由を尊重する聞き方にすることができます。

たとえば、私があなたに今お願いするならこういうイメージです。

「ここまでお読みくださってありがとうございます！　もしよければあなたもこれを実践してみませんか？」

36 うまく聞ける人は逃げ道を残す！

37 うまく聞ける人は正確性を大事にし、聞けていない人は話題性を大事にする。

あなたは、「うわさ話」や「ゴシップ」といった話題についてどう感じていますか？

「うわさ話が大好き！」という方ももちろんいるでしょうし、他人のことをあれこれ言ったり、うわさ話をしたりすることを楽しいと感じる気持ちがあるのは、よい悪いは別として、ある意味人間らしい部分なのかもしれません。

ただ、うわさ話はその多くが不確かな情報です。ＳＮＳ上で、「盛る」「映える」なんて言葉がブームになりましたが、事実に色々と盛って、よりインパクトがあるように、面白おかしくなるようにと変形された話であることも少なくありません。

聞けていない人は、この盛られた〝話題性〟に飛びついてしまいます。

事実でないことを事実だと思い込み（思い込まされるとも言えますね）、ときに悪気なく間違った情報を広くばら撒いてしまうようなこともあります。

後で間違いに気付いてフォローしようとしても、〝言った〟という事実を消すことはできません。それはつまり、偽情報に振り回された側でもある一方、振り回した側にもなるということです。

昔、うわさ話には首を突っ込まずにいられないYさんという後輩と一緒に働いていたことがあります。廊下で誰かが立ち話をしていれば「何の話ですか～？」と入っていき、休み時間に彼女の口から出てくる話題は、そのほとんどが「○○さんのことなんですけど」とか「○○部の人たちが言ってたんですが」といったことでした。

情報通といえば聞こえはいいのですが、聞いたことをそのまま鵜呑みにしてしまいやすいので、間違った情報でトラブルを起こすことも少なくありませんでした。

うわさ好きが過ぎるとはいえ、仕事自体には真摯に取り組んでくれて手際もよいYさん。ある日、とあるプロジェクトのメンバー選定をするときに名前があがりました。すると、別部署の上長が、「あの人は、ほらちょっと〝ああいう人〟だから、今回はちょっとね……」と言ったのです。

Yさんの仕事ぶりも伝えたのですが、機密性の高い作業だったこともあり、やはり外したいとのことで変わりませんでした。

信頼を失ってしまうのは、チャンスを失うことでもあります。

そしてその信頼感というのは、日々の人への向き合い方だけでなく、情報への向き合い方からも生まれていくものなのです。

だからこそ、**うまく聞ける人は、自分も周囲も守るために、正確性を何より大事にしています。**

確かではない情報は、まずは耳で受けて止めておき、真偽を確かめてから頭や心に入れ、咀嚼してから必要があれば周囲に伝えていきます。

曖昧な情報に振り回されにくい人が特に気に留めていることがあります。

「誰情報」「どこ情報」「いつ情報」「直接・間接情報」です。

つまり、誰がどこでいつ言っていたのか、それを本人から聞いたのか誰かを経由して聞いたのか、ということをきちんと確認するということです。

ここに曖昧な部分があるものは、〝一つの意見〟として受け止め、それらがはっきりしているものを〝情報〟として受け取っています。そして必要に応じて確かなものを選んで伝えていくのです。

いくらインパクトがあって目立つ情報であっても、不確かなものをただ振り撒くだけでは、「その情報、いる？」と思われていることも少なくないものです。

相手の役に立っているわけでもなく、かつ自分の信頼を失うなんて、いいことないですよね。〝話に花が咲く〟と言いますが、同じ話でもうわさ話という花には、蜜もあるけど毒もある、と心に留めておきましょう。

37 うまく聞ける人は曖昧な情報に振り回されない！

38

うまく聞ける人は事実と解釈を整理して、聞けていない人はすべてをごちゃまぜに聞く。

「事実と解釈（感想・意見）は分ける」

これは分かりやすい〝話し方〟の基本ですが、同じことが〝聞く〟ことにも言えます。

聞きながら「事実」と「解釈」を整理できていないと、本来事実ではないことを事実だと勝手に理解してしまったり、単なる相手の感想にすぎないことを大多数の気持ちだと思い込んでしまったりして、誤解が生じることがあるからです。

たとえば相手がこんなことを言っていたとしましょう。

「あの人って仕事の成績はいいけど、人としては最悪だよね」

「あの店にはいつも行列ができているし、よほど美味しいんだろうね」

自然な流れの言い方ではありますが、次のように事実と解釈が交じっていますよね。
「あの人って仕事の成績はいい（事実）けど、人としては最悪（解釈）だよね」
「あの店にはいつも行列ができている（事実）し、よほど美味しいんだろう（解釈）ね」

ここをしっかり分けて聞かないと、それが事実かどうかは分からないことまで、「あの人は最悪な人間なんだ」「あの店は美味しいんだ」と思い込むことになりかねません。

思い込むだけならまだいいのですが、もしもそれが事実ではなかった場合に、それを指摘されるとどうなるでしょう。「だってあの人がそう言ったから」とか「紛らわしい言い方をする方が悪い」などと、すべてを他人の責任にしたり、誰かを理不尽に責めたりしてしまうことに、つながりやすくなってしまいます。

そんなことを繰り返していたら、人間関係はどんどんギスギスしたものになり、コミュニケーションが戦いになり、嫌なものになっていってしまいます。

〝事実〟と〝解釈〟を区別するためには、**相手の発する言葉の語尾と形容詞に注目**してみてください。このように、聞き分けることができます。

【語尾】

・断定的に言い切る　(例)「○○だった」「○○があった」↓事実

・曖昧に濁す　(例)「○○だと思った(感じた)」「○○っぽい」「○○みたい」「○○らしい」↓　解釈

たとえば「黒だった」は事実、「黒だったと思う」は解釈ということになります。ただしこれはあくまでも目安なので、相手が解釈を事実のように言い切っていることもありえます。ですから、その一言だけで判断するのではなく、前後の流れにも気をつけて聞くことがもちろん大切です。

【形容詞】

形容詞は主観的に使われることが多いため、形容詞がついている部分は〝解釈〟である可能性が高いです。

たとえば「犬がいた」は事実ですが、「可愛い犬がいた」は解釈になるわけです。ただ「可愛い犬がいたんだな」と受け止めるのではなく、「犬がいて、それをこの人は可愛いと思ったんだな」と理解するようにするイメージです。

注意しておきたいのは、この〝事実〟と〝解釈〟の区別は、あくまでも自分の頭の中の整理のためにしているということです。わざわざ「事実はこの部分だけですよね」「それはあなたの意見ですよね」といったことを相手に伝える必要はありません。

コミュニケーションの目的は相互理解であって、正しさの証明ではないのです。

この意識をしっかり持つことで、誤解や勘違いが減り、会話を通してお互いの理解を高めていくことができていきます。少しだけ意識を持って聞くことで、コミュニケーションをもっと楽しいものにしていきましょう！

38
うまく聞ける人は事実と解釈を分ける！

39

うまく聞ける人は自分の発言を覚えていて、聞けていない人は相手の発言だけ覚えている。

言葉というのは言った本人よりも言われた側の方が覚えているものです。

たとえば友人に「あのときあなたはこう言ったよね」と言われて、「え！　そんなこと言ったっけ？」となった経験はありませんか？

会話において、相手が言ったことをきちんと覚えておくことは大切ですが、**自分が何を言ったのかも同じように覚えておくことが重要です。**

これは話し手の意識だと思われがちですが、聞き手にも同じことが言えます。

なぜなら、その意識がないと、返す言葉がコロコロ変わったり、ただ調子のいい人だと思われたりといったことが起こりやすくなるからです。

心理学に「**ダブルバインド（二重拘束）**」というものがあります。イギリス出身の人類学者であるグレゴリー・ベイトソンが提唱しました。

これは、同じ人からの矛盾する2つのメッセージを同時に受け取ることで、混乱したり心理的ストレスを感じたりすることを表しています。

たとえば、次のようなものが挙げられます。

・「分からないことは何でも聞いて」と言われていたから質問してみたら、「そんなこと自分で考えなよ」と言われた
・「今忙しいから後にして」と言われたから時間をおいて後で伝えたら、「何でももっと早く言わないの」と言われた
・「たまには手伝って」と言われたから手伝ってみたら、「余計なことしないで」と言われた

どれも、「じゃあどうすればいいの？」となりますよね。言われた方は混乱するし、イラッとさせられるし、場合によっては「じゃあもういいよ」と相手との会話や関係を投げ

出してしまうかもしれません。

さらに厄介なことには、言っている当人は、ダブルバインドを起こしていることに気付いていないことが多いのです。

なぜなら、発言をしているそのときの気分に正直であることは確かだからです。

聞けていない人は、そこに気付けないまま、混乱が生まれたのは相手の理解力のせいだと責めるような態度をとってしまうことがあります。

こちらは覚えていなくても、相手は言われた言葉を覚えており、ただ言われた通りにしただけなのです。それなのに、一方的に責められては面白くないですし、理不尽に感じても無理ないですよね。これでは人間関係に大きなヒビが入っていくことになります。

うまく聞ける人はそれを分かっているからこそ、自分の言っていることを自分でもしっかり聞くだけでなく、それを覚えるように心がけています。

ですから、もし違うことを言う必要があるときも、「前回はAと答えたけれど、やはり

Bなのかもしれないと思った」と、前の内容も踏まえてしっかり伝えます。

自分の言葉に自分で責任をとれる人のところに、信用や信頼は集まってくるものです。

それだけでなく、自分の言葉を聞いている人ほど、約束を守ります。

その場しのぎの口約束ではなく、自分で約束したことをきっちり心に留めているので、そのままなし崩しにしたり、すっかり忘れて放置したりといったことがないのです。

それがどんなに相手との間に信頼関係を築いていくかは想像に難くないですよね。

〝聞きっぱなし〟〝返しっぱなし〟にしないこと。

それが、「聞く力」の根っこを支えていきます。

39 うまく聞ける人は自分の言葉に責任を持つ！

40 うまく聞ける人はどうしたいのかを聞き、聞けていない人はどうしたらいいかを教える。

「人の役に立ちたい」「知っていることを教えてあげたい」「できることはやってあげたい」、相手を思ってそんな気持ちを抱き、そのためにどうするかを一生懸命考える、それ自体はとても温かい親切であり、思いやりです。

けれども、これは一歩間違えると、自分勝手な振る舞いになりかねません。

こちらが思うことと、相手が望むことが一致していれば問題はないのですが、そこに万が一ズレがあると、同じ行為でもとたんに押し付けがましいものになってしまうのです。

以前勤めていた職場で、プレゼン用の資料がうまくつくれないと悩んでいる同僚（Aさん）がいました。悪戦苦闘している様子を見て、「大丈夫？」と声をかけてみると、「どうしたらもっと分かりやすくなるのかなぁと思って」と、ボソッと言いました。手伝ってあげようと思い立った私は、「これはもっとこうするといいと思う」「この表はこっちの方が分かりやすいよ」と、あれこれアドバイスをしました。すると、Aさんは「ありがとう、もういいよ」と苦笑いして、「休憩するわ」と席を立ってしまいました。

同僚のちょっと迷惑そうな様子に、私は少々傷つきました。（困っている様子だったからよかれと思って言ったのに……）と残念な気持ちになったのです。

するとその様子を見ていた先輩が、「Aさん、自分でやりたいんだと思うよ」と言いました。よく聞くとそのプレゼンはAさんが相当苦労して場をもらったとのこと、そこにかける意気込みや熱意も並々ならぬものがあったようです。Aさんが悩んでいたのは、一般的な資料のつくり方ではなく、自分の想いを形にするための方法だったのです。

そうとも知らずにあれこれ横から口を挟んでしまって、Aさんにしてみれば余計なお世話だったでしょうし、申し訳なかったとつくづく反省しました。

相手が何かに悩んだり困ったりしているとき、大事なのはすぐに解決策を提示すること

ではなく、「相手がどうしたいのか」に合わせて一緒に考えることです。

ですから、うまく聞ける人は、仕事でもプライベートでも、相手の悩みを聞くときに「こうすればいい」「ああした方がいい」というような言い方はしていません。

代わりに「どうしたいと思っているの？」「どうなったらいいなというのはある？」といったことを丁寧に聞くことを大事にしています。

問題の一番の解決は、その本人にとってもっとも納得いく状態になることです。

どんな希望があって、どんな望みがあって、どんな状態なら納得できるかは、こちらがいくら考えたところで分かりようがありません。そこをしっかり聞いた上でするアドバイスや提案であるからこそ、相手に喜ばれるものになっていきます。

先日とある飲食店で、コーヒーを運んできた店員さんが、手を滑らせてテーブルの上にひっくり返したことがありました。テーブルには食べかけの料理があったのですが、コーヒーまみれに。すぐに飛んできた店長が、「申し訳ございません！　お召し物は大丈夫でいらっしゃいますか？　こちらお使いください」とタオルを持ってきてくれました。

そして、別の席に案内してくれてから、「お食事中だったのに本当に申し訳ございません。どのようにさせていただくのがよいでしょうか。同じお料理をつくり直しましょうか、それとも違うメニューになさいますか」と聞いてくれたのです。

食事中とはいえもう半分以上はいただいていたので、また同じメニューが新しい状態で出てきても食べきれなさそうです。もう食事はいいかなと思ったので、「飲み物だけ新しいものをお願いします」と伝えました。「かしこまりました」と新しいコーヒーを持ってきてくれて、帰り際に再度お詫びとともに次回使える食事券をつけてくれました。

「すぐに新しいものをお持ちします」これが一般的によく聞くフレーズですが、それがつねに一番喜ばれることであるとは限りません。

相手が何を望むかに寄り添う姿勢を見せることが、何よりありがたいのです。

40 うまく聞ける人は相手に寄り添う！

第6章

もっと話を引き出す聞き方

41 うまく聞ける人は話を聞き切り、聞けていない人は自分の聞きたいことだけを聞く。

「あ、そこは今のところお聞きしなくても大丈夫です」

以前、とあるインタビューを受けていたときに、そんな風に言われたことがあります。そのインタビューの趣旨に対して〝必要のない話〟と受け取ったようでした。時間が限られていたということもあったでしょう。

でも、そう言われてしまっては、そのまま話を続けるのも気が引けます。

「そうですか」とやめたのですが、私の中では、私の想いを表現するのにあたってぴったりなエピソードだったのでかなり残念でした。終わった後も「しっかり聞いてくれた」という感覚にはなりませんでした。

「聞く」なら「聞き切る」ことがとても大切です。

「聞き切る」とは、自分の中で聞く内容を勝手に取捨選択するのではなく、相手の中に「言い残し」がないようにするために、言葉を一旦すべて「出し切って」もらうということです。

一見関係のない話のように見えて、実はつながっているなんてことも少なくありません。その場では「必要ない」と思ったとしても、後々、「あれも聞いておけばよかった」と思うことだってあるものです。

実はかつての私は、〝聞きたいことしか聞かない〟タイプでした。

営業や打ち合わせに行くときに、事前にヒアリングシートをつくっていたのですが、それを残らず埋めることが「すべて聞く」ということだと勘違いしていました。

予定していた内容から脱線すると、「今はこちらについて伺いたいのですが」と予定通りに進行する流れに戻したりしていました。

そのシートを持ち帰って、反映させた資料をつくろうとするのですが、予定調和で意外性のない雰囲気が漂うものにしかならず、面白みや際立った特徴がないと、コンペでもことごとく落とされていました。

そんなことが繰り返されていたあるとき、また話が脱線することがあったのですが、内容に大変興味があることだったので、そのままその話を掘り下げていきました。するとと、最後にお客様が「そうだよ、これだったのかも、本当に言いたかったことは」とおっしゃったのです。

その後、当初の予定を変えて、お客様が話されていたことに焦点を当てた資料を作成したところ、無事採用してもらえました。

そのときに、それまでうまくいかなかった理由が分かった気がしました。

私は、相手の話を、「**聞きたいようにしか聞いていなかった**」のです。

相手の言葉を自分の都合で選んで聞いていました。これでは相手も「聞かれたことに答えている」だけであって、「自分の言いたいことを伝えている」とは言えないですよね。

まっすぐ行くことだけが、目的の場所に行く唯一の方法なのではありません。予定の道を一本外れて歩いたからこそ見えてくる景色、見つかる新しい発見もあるものです。

自分の頭の中に道をつくって必要な情報を集めていくのではなく、**色んな情報を集めてから、その中に道を見つけていく方が、より満足いく結果になることも多いのです。**

古代ローマの政治家であった、ユリウス・カエサルのこんな言葉があります。

「人間ならば誰にでも、現実のすべてが見えるわけではない。多くの人は見たいとほっする現実しか見ていない」

同じことが「聞く」にも言えるのではないでしょうか。

自分の欲求はひとまず横に置いておいて、まずは流れに乗ってすべてを聞き切る努力をすることに、目を向けてみませんか。

41 うまく聞ける人はまんべんなく聞く！

42 うまく聞ける人は「想い」に興味を持ち、聞けていない人は「行動」ばかりに興味を持つ。

人は〝想い〟があって、〝行動〟を起こしているものです。

たとえば、あなたが夜中に急にコンビニに出かけたとしましょう。コンビニに行ったことと自体は単なる行動ですが、そこにはきっと何かしらの想いがあるはずです。

「急にアイスが食べたくなった」のかもしれませんし、「勉強をしてたら頭がぼんやりしてきたから、リフレッシュしたくなった」のかもしれません。

行動は勝手に生まれるものではなく、想いの表れとなって出てくるのです。

人の話を聞くとは、この〝想い〟を聞くことでもあります。

うまく聞ける人は、相手の話の内容だけでなく、「なにがそうさせたのか」ということを意識して、そこをしっかり受け止めようとしています。

たとえば友人が、沖縄に行ってきたという話をしていたとしましょう。

出張などではなく旅行であれば、行き先の選択肢は無限にある中で、あえて沖縄を選んだということにはやはり何か〝想い〟があるはずですよね。

「最近疲れているから、暖かい場所でのんびりしたいと思った」「沖縄に会いたい人がいる」など色々考えられます。


聞けていない人は、ここで行動面の話に終始してしまいます。どこに泊まったのか、何を食べたのか、どこへ行ったのか、そういったことばかりを聞こうとするのです。

もちろんこれでも会話は弾みますし、自分の話に興味を持って聞いてくれること自体は喜ばしいことです。コミュニケーションとして間違っているわけではありません。


ただ、先ほどの、〝行動〟には〝想い〟があるということを考えると、行動ばかりに注目するのは少しもったいないですよね。その〝行動〟を通してもっと相手のことを知ることができるチャンスでもあるわけですから。

聞ける人は、行動と想いをセットで聞いていきます。

「沖縄に行ったんだね。どうして沖縄にしたの？」

「ホテルはどうだった？　そこにした決め手はあったの？」

「沖縄料理色々食べた？　特に好きなものってあるの？」

ただ行動をなぞるだけでなく、想いに触れることで、さらに会話は深まりますし、相手のことを知るきっかけにもなります。

私は以前、色んなことが重なって心も身体も疲れ果ててしまい、東京から一番離れた場所に行きたいと思ったことがあります。そのとき取れそうなチケットで一番遠い場所だったのが石垣島だったので、そこに行くことにしました。

その旅の途中、離島に向かう船の中で、とある親子に出会いました。私が一人で来ていると言ったところ、夕飯を一緒にどうかと誘ってくれました。

夕飯中、しばらくは何気ない会話をしていたのですが、ふとその女性が真剣な顔をして、「答えたくなかったら答えなくてもいいのだけれど、なにかあったの？　実は島で話したときから気になってたんだ。なんとなくただ楽しんでいるだけでもなさそうだなと思って。私でよければ話聞くよ」と言ってくれました。

数時間前に初めて会ったその方に、そこまでの出来事と想いを一気に吐き出したら、びっくりするほどすっきりした自分がいました。ほぼ初対面なのに、彼女が一緒に悲しんで、一緒に怒ってくれたことにとても救われたのです。

その女性とはその後も仲良くさせてもらっています。表面上の付き合いで終わらなかったのは、やはりあのとき私の〝想い〟を聞いて受け止めてくれたからです。

人は行動より想いを分かってほしい生き物です。「話を聞く」より「想いを聞く」、そんな気持ちで人の話に向き合うと、何よりの信頼感が生まれていきます。

42 うまく聞ける人は相手の想いを聞く！

43

うまく聞ける人は「相手の理解」を目的にして、聞けていない人は「正しさの追求」を目的にする。

コミュニケーションにおける「聞く」は、面接や尋問でのそれとは異なります。

・コミュニケーションにおける「聞く」目的＝相手を知る・理解すること
・面接や尋問における「聞く」目的＝相手を判断・診断すること

「そんなことは分かっている」と思う方もいらっしゃるかもしれませんが、いつのまにか〝理解〟よりも、〝診断〟が目的になってしまっていることが少なくありません。

〝診断〟とはつまり、それが「正しいのか・間違っているのか」「よいのか・悪いのか」を決めるために聞いているということです。

コミュニケーションは、正しさを追求するためだけに必要なわけではありません。

たとえば転職を考えている友人に相談されたとしましょう。

〝判断・診断〟を目的とする人は、次のような外面的な部分を聞こうとするでしょう。

・ツテの有無
・今の年収や職場環境
・次の職場に求める条件
・将来的な計画とその内容

これらを聞く目的は、相手にとってその転職が正解なのかどうか、またその転職が自分にとって応援できるものであるかどうかを考えることです。

つまり、自分がかける言葉を決めるために相手の話を聞いていることになります。

もちろんその会話を通して相手も自分の頭の中を整理できることもあるでしょうし、意味がないわけではありません。

ただ、この聞き方では、やはりごっそり抜けてしまっているものがあります。

〝相手の想いや気持ち〟〝不安や期待〟といった、内面的な部分です。

前項で「人は想いを分かってほしい生き物」とお伝えしたように、**話し手がもっとも受け取って理解してほしいと感じているのは、外面的なものより内面的なものです。**

「何があったのか」「どういう状況なのか」ということ以上に、「何を思っているのか」「何を感じているか」ということなのです。ですから、〝理解〟を目的としている人が主に聞いていくのは次のような部分です。

・将来的な夢や希望
・現状において感じていること
・抱えている不安ごと、心配ごと
・興味があること、やってみたいこと

こういった部分に、話し手がもっとも伝えたいことがより色濃く詰まっています。

転職の例ならば、「この転職の条件が正しいかどうかを教えてほしい」ということ以上に、「転職を考えている自分を理解してほしい」ということなのではないでしょうか。

企業のトップ営業の人に共通するのも、「お客様の想いを聞いている」ということです。事実や出来事は、それ以上にもそれ以下にもなりませんから、そこを一生懸命聞いたところで得られる情報は限られたものです。でも、想いや感情は伸びやかに広がるものであり、様々な色や形があります。それを感じ取ることが「聞く」ことと言えます。

そういう意味では、**聞く側に〝明確な答え〟などいらないのです。**答えを出そうとすると、「面接」になってしまいます。

〝診断〟のためではなく〝理解〟のためのコミュニケーションを、もっと丁寧に心がけていきましょう！

43 うまく聞ける人は相手の内面を聞く！

44

うまく聞ける人はプロセスを聞き、聞けていない人は結果を聞く。

あなたは、相手の話を聞くときに、どこを特に注目していますか？

注目されやすいポイントは主に二つあります。「プロセス」と「結果」です。それぞれどこを聞いているのかをまとめると次のようになります。

・プロセス：全体の流れ・物事の進め方や順序・行動や言動の背景や理由
・結果：特に重要な一部分・最終的な結果や結論・話のまとめやオチ

どちらも大事なポイントではありますが、人の話にはつねに結論やオチがあるわけではありません。

ところが、結果重視の聞き方をする人はつい、「結論は？」「オチは？」「結局何が言いたいの？」といったような言い方をしてしまい、そんなつもりはないのに、相手を焦らせたり追い詰めたりしてしまうことがあります。

話を聞くとは、いわば相手の伴走者になるということです。

大事なのは、よいタイムで完走することだけなのではなく、途中で何を思い、どのようにピンチを切り抜け、どうやって最後まで走り切れるように工夫したかを共有しながら、一緒にゴールを目指していくことなのです。

聞き手が結果や結論ばかりにとらわれてしまうと、話し手に「結果が出るまで話せない」という圧力をかけることにもなりかねません。

たとえば、ダイエットのためにスポーツクラブに入ったとしましょう。それを知っている相手に、会うたびに「結果は出ているの？」「何キロ減ったの？」などと聞かれたとしたらどうでしょうか。

結果が出ているならともかく、出ていないうちは話しにくいですし、「それって意味あるの？」とまで言われてしまったら、モチベーションも下がりかねませんよね。

プロセスを聞くことは、そういった圧力をかけないだけでなく、より相手を知ることにもつながっていきます。

「どんなトレーニングやプログラムを受けているの?」「トレーニング中はどんなことを考えながらやっているの?」など、相手の好みや希望、趣味嗜好といった内容にも触れるので、より広く相手を受け止めていくことになります。


結果は最後にくるものなので、会話がそこで終わってしまうことも多いのですが、プロセスには奥行きやその先があるので、会話もそこから広がりやすくなります。


以前、両方のタイプの上司の下についたことがあります。

結果重視タイプの上司の口癖は、「で、終わったの?」「結論だけ教えて」でした。

そう言われることが分かっている相手に対して、思ったように進んでいないことを伝えたり相談したりするのは大変ハードルが高いことでした。自分だけでなんとかしようとして、かえって予定通りに終わらない、なんてことがよく起きていました。

しばらくしてその上司が異動になり、真逆のタイプの上司がやってきました。

その上司の口癖は、「この計画はどういう流れでつくったの？」「今どのくらい進んでいる？」「この問題についてはどうしたらいいと思う？」などでした。まさに伴走してくれているることが伝わってきて、困りごとの解決や、問題把握などがかなりしやすくなりました。自分の成長を実感することも増えていき、仕事のスピードも格段に上がったのです。

結果が分からなければ落ち着かないですし、「結論を知りたい」と思うのは、人の心理として自然なことです。けれども、**聞き手が聞きたいのが「結論」であるとしても、話し手がより話したいのは「プロセス」なのではないでしょうか。**

うまく聞ける人は、プロセスを大事にすることで、話し手が話したいことをきちんと言葉にすることのサポートをしていると言えます。結論だけでは分からないことがたくさんあるということを心に留めて、もっとプロセスに耳を傾けていきましょう。

44 うまく聞ける人はプロセスを大事にする！

45 うまく聞ける人は意外性を大事にし、聞けていない人はマニュアルを大事にする。

一般的に、聞き方の基本と言われているのは次のようなことです。

・傾聴する：相手の方へ身体を向け、少し前傾姿勢になる
・相手を見る：アイコンタクトを取りながら、相手の表情などをきちんと見る
・反応する：頷きや相槌を中心に、きちんとリアクションをとる
・質問する：内容を要約したり、適切な質問を投げかけたりする

もちろんこれらは聞き方において大事なポイントでありスキルです。けれども、こういったことを完璧にできてさえいれば、相手が話しやすくなるわけではありません。

以前、企業コンサルタントをされている方がこんなことを言っていました。

「場所と時間をきっちり設定して、必要な道具と資料のみをきちんとテーブルに用意して、椅子の角度を話しやすい角度にセッティングして、身を乗り出して相手を見つめ、いいリアクションをとったからといって、その人の本音が聞けるわけではない」

その方は、長年コンサルタントとして企業支援の活動をしてきており、数々の企業トップの方々と向き合ってきた人です。相手の本音を探り、課題を見つけることが重要ですが、**「本音こそマニュアルで引き出せるものではない」**と断言していらっしゃいました。

もちろん最低限のマニュアルすら守れない人は信用されませんから、それが間違っているわけではありません。けれども、人の本音は、〝意思を持って発せられる〟ことよりも、〝ポロッとこぼれる〟ことの方が多いのではないでしょうか。

企業に勤めていたころ、私は〝個人面談〟というものが苦手でした。

コンコンとノックして部屋に入ると、L字に並べた椅子で上司が待ち構えており、こちらの言葉を一つ一つ丁寧にしっかり受け止めようとしてくれるのです。

丁寧な受け答えに的確な質問、状況としてはとてもありがたいことであることは確かなのですが、「何でも言ってくれていいから」と言ってくれても、その型通りのスタイルではかえって緊張感が増しました。

（変なことは言えない）（こんなこと言って大丈夫かな）という想いが邪魔をして、言いたいことがあっても「特にありません」と答えてしまうことが少なくありませんでした。

もちろん同じ状況できちんと自分の想いを伝えていた同僚もいましたから、それを否定したいわけではありません。けれども、〝話しやすさ〟の基準は人によって異なるため、マニュアルが必ずしも全員にとって最善の方法でないことも確かなのです。

ですからうまく聞ける人は、型を知りながら型にはまらず、意外性も大事にしています。

意外性とは、「さあ、聞きますよ」と準備万端で臨むのではなく、少しだけ抜けやズレをつくっているということです。

以前、とある研修後の意見交換の場で、緊張しながら待っていたときのことです。社長がオレンジジュースを持って入ってきて、「これ、あまりに美味しいから箱買いしちゃったんだよ、ちょっと飲んでみて」と言って、クシャッと笑いました。

失礼な表現かもしれませんが、あまりにも屈託のない少年のような顔に、こちらも肩の力がすっかり抜けて、緊張感が溶けていくのを感じました。

（こう言おうか、ああ言おうか）とあれこれ考えながら行ったのですが、小細工なしに思ったことを思ったままにきちんとお伝えすることができて、お互いに本音をぶつけ合える実のある話をすることができたのです。

きちんとやることだけが正解なのではありません。意外性が心を開くきっかけになることも多いものです。マニュアルを参考にしつつも、抜けや遊びの部分も大事にしていくことが、かえってちゃんと聞くことにつながったりもするものですよ。

45 うまく聞ける人は抜けやズレもつくる！

46 うまく聞ける人は話の前後左右を聞き、聞けていない人は一点だけを聞く。

話を聞くのが苦手という人の多くが「**会話が続かない**」と言います。

「最初は盛り上がっても、だんだんと聞くことがなくなっていき、なんとなく尻すぼみになってしまう……」「最初が盛り上がっていればいるほど、会話がなくなっていくのが気まずいし、なんだか申し訳ない気持ちに……」と言うのです。

確かに、一つの話題だけで延々と話が続くことはありませんし、では話題を変えようと思ったところで、ちょうどよいネタがすぐに見つかるとは限りませんよね。

（何を聞こうかな）と考えているうちに盛り上がった空気も冷めていき、なんとなくそのまま会話もフェードアウト、ということはよく起こりがちです。

話を途切れさせることなく、自然に話題を転換していくことができる人は、**聞くことを通して話をただ〝掘り下げる〟というより、さらに〝広げていく〟聞き方をしています。**

イメージとしては、一点集中ではなく、前後左右に聞くということです。

一点集中の聞き方は、基本的に話題になっている内容の5W1H（いつ・どこで・だれが・なにを・なぜ・どのくらい）を聞いていきます。これでも十分内容を聞くことはできますが、一通り聞いたらもう聞くことがない、ということにもなりやすい方法です。

聞ける人がしている前後左右の聞き方は、次のように話を広げる聞き方です。

前：その話のきっかけやこれまでのことなど「そもそもは」「きっかけは」
後：その話の後日談やこれからのことなど「その後は」「これからは」
左：その話に近い話や似ている話など「似たようなことが」「同じようなことが」
右：違う見方や考え方など「逆に言えば」「こうとも考えられる」

これらを組み合わせることで、会話は無限に広がっていきます。

たとえば相手が何かの資格をとったという話をしていたとしましょう。

前後左右に聞くとすれば、次のように展開することができます。

前：「その資格に興味を持ったきっかけは？」「どうしてその資格を選んだの？」

後：「これからにどう活かしていく予定？」「どんなシーンで役立つ？」

左：「その資格とこの資格の違いは？」「同じ資格をとった人でこんな人を知っている」

右：「その知識と能力が身に付いていれば、こういうこともできるのでは？」

ただ資格試験そのもののことだけではなく、その人の想いやビジョン、夢や希望、思惑やねらいなど、もっと内面的な部分までしっかり聞いていくことができます。

そこから生まれてくる言葉をさらに前後左右に広げていけば、かなりたくさんの情報を聞くことができるでしょう。**相手の言葉や行動の表面をなぞるだけでなく、一歩進んだ理解が可能になっていきます。**

46 うまく聞ける人は前後左右に広げる！

聞き上手で聞ける人がよく言われている言葉の一つに「なんだか気付いたら色々話していた」というものがあります。

これはつまり、話し手が話そうと思っていたこと以上のことを、本人の予想外に色々話したということです。この〝予想外〟こそが、会話の楽しさにもなっていきます。

物事が予想通りに進むことを「予定調和」と言います。そこには安心感はあるかもしれませんが、やはり面白みには欠けますよね。

話していて面白いと感じるからこそ、人はまたその人に聞いてもらいたいと思うのです。「また話したい」と思ってもらえるような人になるためにも、一点集中より前後左右を意識して、会話に面白みを持たせていきましょう。

47 うまく聞ける人は相手を待ち、聞けていない人は沈黙を怖がる。

〝沈黙〟は、「耐える・耐えられない」「恐れる・怖がる」という言葉が続くように、あまり心地のよいものではない印象が強いものです。

相手が口をつぐんで黙り込んでいたら、何か悪いことをしてしまったのではないか、怒らせてしまったのではないかと不安になりますよね。

そうなると、その不安や恐怖心を払拭したくて、あの手この手でなんとか相手に口を開いてもらおうとするかもしれません。

ところが、かえってその行為が相手の気分を荒立ててしまって、「うるさい」「ちょっと黙っていてくれる？」などの冷たい言葉を引き出してしまうこともあります。

相手が黙っているとき、実は単に「考えている」ということが多いです。考えたいだけなのに、横から色々言われたり、言葉を強要されたりしたら、誰だっていい気持ちはしないでしょう。

すでに頭の中に答えがあるものならばすぐに言葉にできますが、そうでないものは即答できないですよね。

うまく聞ける人は、相手の話をきちんと聞くために、「考える時間」の必要性を認識して、大切にしています。

ですから、相手が黙っていたとしても、過度な不安や恐怖心を抱くことなく、相手から自然に言葉が出てくるのを待っています。

具体的には、沈黙を壊そうとするのではなく、相手からの言葉で沈黙が破られるのを待ったり、「ゆっくり考えてくれていいよ」「後でまた聞かせて」といった言葉を添えて時間をつくったりしています。

聞けていない人が恐れているのは、沈黙そのものというより、「自分のペースが乱され

ること」や、「自分が悪い印象を持たれること」なのではないでしょうか。

つまり、意識が「自分」に向いているのであり、その時点で「相手」を尊重できていないということになります。

以前、エアコンを買おうと家電量販店に行ったときのことです。

使うシーンを思い浮かべながら、ぴったりくるのはどれだろうと考えていたのですが、黙っている私に痺れを切らしたのか、店員さんが「何が気になっています？」「一番優先したいものってなんですか？」「人気があるのはこちらです」などと話しかけてきました。

正直、気が散るし、今考えたいのはそこじゃないと感じながら質問の答えを探すのはかなりストレスでした。このままじゃ決められないと感じ、パンフレットだけもらって一旦帰ることにしました。

別の店に同じ商品を見に行ってみました。そこで担当してくれた店員さんは、〝待ってくれる人〟でした。

「これとこれで悩んでいるんですよね」と伝えたら、補足の情報を教えてくれて、そのあとは「他の候補も見つかるかもしれませんし、じっくり選んでみてください。僕、目に入りやすい場所にいるようにしますので、何かあればいつでも呼んでいただければ」と言って、構いすぎるのでもなく放っておきすぎるのでもない状況をつくってくれたのです。おかげで、よく考えて納得したものに決めることができました。

沈黙をつくらないのが、よい聞き手なのではありません。

むしろ、**適度な沈黙が持てる、言うなれば沈黙が許される環境の方が、話し手にとっては心地のいいものなのです。**

イギリスの歴史家であり評論家のトーマス・カーライルの言葉に「沈黙は金、雄弁は銀」というものがあります。これは話し手だけでなく、聞き手にとっても同じです。

沈黙が訪れたら、焦るよりも待つ方が、かえって有意義な会話を生み出していくこともありますよ。

47 うまく聞ける人は沈黙に焦らず待つ！

48

うまく聞ける人は未来の話を聞こうとし、聞けていない人は過去の話を蒸し返す。

話の焦点というのは、聞き手の意識次第で変わってくるものです。聞き手の意識が未来に向いていれば未来の話になっていきますし、過去に向いていたら過去の話になっていきます。

どちらを聞くのが正しいということではありません。ただ、未来の話は広げていくことができますが、過去の話はなぞることしかできない、というのは事実です。さらに、過去の話は愚痴や不満、自慢や武勇伝になってしまいやすい傾向もあります。

「これまで」に焦点を当てるのは、すでにでき上がった道を照らすということです。もうそこにでき上がったものがあるわけですから、そこからの話は、それを品評するかダメ出しするかということになりますよね。

「これから」に焦点を当てるのは、ここからつくる道を考えるということです。まだそこに道はないわけですから、どんな道をどうやってつくるかといったことや、希望や望みが話題になっていきます。

うまく聞ける人は過去の話を参考にしながらも、**未来の話を聞くことに重きを置いて人の話を聞いています。**

「これまで」がどうだったのかを知らずに「これから」は考えにくいですから、しっかり過去の話も聞いています。けれども、ひたすらそこを掘り下げるようなことはせず、それを踏まえた上で「ここから」どうしていくのかという聞き方をしているのです。

なぜ聞ける人がそうするかというと、未来のことには自分も関わっていける余地があるからです。過去はもう過ぎたことですから、後から自分がそこに関わっていくのは不可能ですが、未来は先のことなので、自分も関わることが可能です。

相手の話に共感や興味が湧いたなら、協力を申し出たり、誰かを紹介したり、応援するよと伝えたりすることもできます。共感や応援は距離感を縮めるため、相手との関係性を深めていくことにもつながります。

過去の話をいくら蒸し返しても、同じ効果は望めません。

過去に共感することもできますが、それは共感というより単なる理解に留まったり、同情や哀れみになってしまったりすることが多く、話は広がっていかないからです。

・話しながら、ワクワクしてきて、楽しみが増えていく
・話しながら、嫌な気持ちが蘇ってきて、怒ったり落ち込んだりする

あなたならどちらの方が話していて気持ちがいいでしょうか。その方向性をリードしているのが聞き手なのだとしたら、どちらにリードしてくれる人に「話を聞いてほしい」と思うでしょうか。

かつて勤めていた会社の同僚たちで、その職場を離れてからも定期的に集まっているメ

ンバーがいました。それぞれが新しい場所でキャリアアップのために一生懸命努力しており、たまに会ってはお互いに刺激を与え合っていました。

ところが一部のメンバーに、いつも過去の話を蒸し返す人がいました。かつての職場の文句や不満、誰かの失敗の話を持ち出しては、そのことばかりを話題にするのです。最初のうちは話を合わせている人もいましたが、毎回それが繰り返されることに、徐々にうんざりする人が増えてきました。そうなってくると、だんだん集まることの楽しみが薄れ、メンバーの気持ちも離れてしまって、その会も空中分解するようになくなってしまったことがあります。

過去がどうであったかより、未来をどうしていきたいのか、話していて楽しいのはそちらですよね。**話し手を楽しい気持ちにさせてくれるのがよい聞き手。**過去をほじくるより、未来に広げるような聞き方を心がけたいですね。

48 うまく聞ける人は未来に目を向ける！

49 うまく聞ける人は教えてもらおうとし、聞けていない人は教えようとする。

「人の話を聞くときは、教えてもらうという気持ちでいる」

以前、ラジオのパーソナリティーの方が、そんなことを言っているのを耳にしました。

相手が何を話しているのかにかかわらず、人の話を聞いているとき、私たちはその話から「その人の考え方や想い」を教えてもらっていることになります。

「聞くことは教えてもらうこと」

その気持ちがないと、求められてもいないのにアドバイスをしようとしたり、上から目線で教えてあげようなんて思ったりしてしまいます。

「あまりいい返しができないので、人の話を聞くのが苦手なんです」

研修に参加してくださっていた方が、そんなことを言っていたことがありました。

いい返しとはどういうものか聞いてみたら、「的確なアドバイスや提案などですね」とおっしゃっていたのですが、果たして相手は本当にそれを望んでいるのでしょうか。

もちろん、「あなたのアドバイス（意見）をください」とはっきり言われることもあるかもしれませんが、多くの場合がそうではないでしょう。

つまり、「いい返し」をしてほしいということ以上に、自分の考えを知ってほしい、想いを聞いてほしいという気持ちで人は話をしているのではないでしょうか。

ですから、うまく聞ける人はアドバイスや意見をすることを考えるよりも、相手についてきちんと知ることを大事にしながら話を聞いています。

「もっと教えて」「もっと聞かせて」という気持ちをベースに話を聞いているので、「いい返し」をしているかと言えば、必ずしもそうとは限りません。

けれども、その気持ちが、態度や姿勢を通じて話し手にも伝わるので、話し手は話しやすさや聞いてもらえる喜びをしっかり感じることができているのです。

「アドバイス」をしようと思うと、そこにはやはり「正解」が必要になります。「正誤」や「善悪」もはっきりさせなければいけないかもしれません。

それが不要というわけではありませんが、日常会話を通して相手が求めているのは、すべてを白黒はっきりさせることより、「自分ならではの考え方や想い」を伝えることなのではないでしょうか。

教えようとする人は、「正解」を伝えなければと思うあまり、次のような言い方になりやすくなります。

自分とは違う意見を言っている相手に対して→「それは違う」「そうじゃない」

迷ったり悩んだりしている相手に対して→「こうした方がいい」「こうすればいい」

愚痴や文句を言っている相手に対して→「そんなこと言うもんじゃない」「そんな言い方はよくない」

体験談を話している相手に対して➡「そんなにたいしたことじゃない」「そういうときはこうするべきだったのに」

こういう反応ばかり返ってきたら、話していてあまり楽しくはないですよね。むしろそれ以上話したくなくなるのではないでしょうか。

同じ内容でも、「あなたの考えをもっと聞かせて」「それについてもっと知りたい」「どうしてそんな風に思ったのか教えて」「その辺をもう少し詳しく聞きたい」と反応してくれたら、素直な気持ちや考えを安心してもっと言いやすくなりますよね。

〝いい返し〟をする必要なんてありません。

もっと相手を「知りたい」「教えてほしい」と思う気持ちそのものが、そのまま〝いい返し〟になっているものですよ。

49 うまく聞ける人は「知りたい」「教えてほしい」と思う！

50 うまく聞ける人は場所選びにも気を配り、聞けていない人はどこでもいいと考える。

「ちょっとここでは話せないな」

相手からそんな言葉を言われた経験がある方は、多いのではないでしょうか。

話しやすさをつくり出す要素には、大きく二つ「**聞き手の態度**」と「**周囲の環境**」が挙げられます。

「聞き手の態度」とはつまり「聞き方」のことで、傾聴姿勢や頷きなどといった聞き手の姿勢・反応の有無や強弱を表します。これは比較的意識されやすく、「聞く」を考えるときには、真っ先に頭に浮かぶ要素でもあります。

一方「周囲の環境」は、そこまで気が回らなかったり、気付けなかったりすることも多いです。しかし、実は「聞き方」と同じくらい大切なポイントです。

たとえば、あなたなら、次のどちらが「落ち着いて話せそう」と感じますか？

・人の出入りが多い場所―人の出入りが少ない場所
・全面ガラス張りの場所―一部だけ窓がある場所
・暑すぎるまたは寒すぎる場所―適度な気温に保たれている場所
・他人の会話がはっきり聞こえる場所―他人の会話が届いてこない場所

恐らくどの条件も、後者の方が落ち着きやすいのではないでしょうか。

周囲の環境から目や耳、肌を通じて伝わってくるものは、人の感情に大きな影響を与えていきます。実際に「環境心理学」における様々な研究でも、人間の行動や経験が環境による影響を大きく受けていることが分かっています。


ですからうまく聞ける人は、話を聞くときには周囲の環境への配慮を忘れません。

会話を大事にするとは、場を大事にするところから始まっています。大勢で賑やかに過ごすのが目的の場合は別ですが、相手の話をじっくり聞くことを目的とするならば、やはり周囲の環境にも気を配る必要があります。

具体的には、なるべく静か（ただし、図書館のように静かすぎる場所はかえって緊張感が生まれることもあるので注意）で、**大きな音や強い匂いがしない場所**を選ぶようにすることがおすすめです。

周囲に人がいる場所ならば、**ある程度テーブルの配置が離れている**こと、さらに、**話し手にはドアを背にして座ってもらえれば、人の出入りが目に入りにくくなり会話の邪魔になりません。**

また、座って話をする場合は、その座り位置も「話しやすさ」に影響を与えると言われています。次の3つのうち、相手がもっとも話しやすいと感じるのはどの位置だと思いますか？

①真正面で向き合って座る　②横並びになって座る　③L字になるように座る

カウンセラーがカウンセリングをする際は、なるべくL字に座るようにしています。なぜなら、真正面は敵対位置とも言われ、視線がダイレクトにぶつかり合うので緊張感が生まれやすくなるからです。

横並びは親密になるには最適と言われていますが、関係性によっては近すぎて落ち着かないと感じさせてしまうこともあります。

とはいえ、レストランなどでL字に座るのは難しいケースもあるかもしれません。そういう場合は、少しだけ正面をずらして対角線になるように座るのもよいとされています。

こうしたちょっとした環境の整え方が、会話のあり方を変えていきます。

すべての要素を完璧に満たす場所を見つけるのは難しいかもしれませんが、「話せればどこでもいい」ではなく、できるだけ「落ち着く」と感じる場所を選ぶだけで、相手の話し方も話す内容も、思っている以上に変わってくるものですよ。

50 うまく聞ける人は場所選びを大事にする！

51 うまく聞ける人は自分の期待を素直に伝えながら聞き、聞けていない人は遠回しに誘導しようとする。

「もしかしてこの人はこう答えてほしいのかな」

相手の聞き方や態度からそんなことが頭に浮かび、相手に喜んでもらおうと、本来言おうとしていたことを変えた……。こんなこと、あなたにも経験ないですか？

以前、事務員として働いていたときのことです。直属の上司（Aさんとします）が、定期的に面談の機会を持ってくれていました。

Aさんはとても物腰の柔らかい、感じのよい方ではあったのですが、物言いも柔らかすぎて、次の会話のようにどこか噛み合わないと感じることがありました。

Aさん「最近どうですか？」

私「最近は仕事量もさほど多くないので落ち着いて過ごせています」
Aさん「そうなんですね。これからについてはどうですか？」
私「これから？　というのはつまり、この先の希望ということですか？」
Aさん「何かしたいことはありますか？　たとえばこういう仕事をしてみたいとか、こんな資格を取りたいとか、こんなことを学びたいとか」
私「とりあえず今の仕事をもっときちんと頑張りたいですが、資格ですか……」
Aさん「時間に余裕があるなら、今のうちに何か資格を取るとかどうですか」
私「確かに勉強するのも大事ですけど……」
Aさん「資格に興味があるなら、こういうのがいいかもしれないですね」

ここからAさんおすすめの資格講座の話が延々と続きました。

私は資格に興味がないわけではなかったのですが、そのとき取り組んでいた仕事が好きだったこともあり、その経験をもっと深めたいと思っていました。

その口ぶりから、Aさんが資格の勉強を勧めたいのだろうということは分かりましたし、資料も用意してくれていたので悪いなという気持ちも生まれ、正直なところ興味のあるフリをしてしまっていました。本音ではないのに調子よく「そうですね」「それもよさそうですね」なんて言っている自分にも少々嫌気がさしていました

物腰の柔らかい言い方というのは、思いやりとしては大事な要素です。

しかし、目的をはっきり伝えないまま遠回しな柔らかい言い方をすると、結果的に誘導的な会話にしてしまうことがあります。

そうなると、話し手は自分の言葉を話しているというより、聞き手が望むことを話しているという状態になり、居心地の悪さを感じるかもしれません。


うまく聞ける人は、誘導するような聞き方にならないよう、自分の期待や望みがあるならば、それを明らかにしながら聞いていきます。


「もし興味があったら、こういう資格を今のうちに取っておくと、今後こういう仕事にもチャレンジできて、技術も能力も磨くことができると思うのですが、どうでしょう?」

こう聞かれたら、表面的に合わせるような回答ではなく、もっと自分の考えや意見を言いやすくなるのではないでしょうか。

はっきり言葉にしないことが、思いやりなのではありません。
むしろはっきり言葉にせずに色々と聞こうとすると、かえって本当に聞きたいことから遠ざかってしまうこともあります。

中でももっとも気持ちがよくないのは、「なんでも言いたいことを言って」と言いながら、自分が望む答えでないものはことごとく否定して、相手が察してくれるのを待つような聞き方です。それはもはや〝聞いている〟のではなく、〝言わせている〟ですよね。

本音を聞けるから、相手のことがより分かるし、関係も深まるのです。もし自分の希望があるなら、それも変に隠さずしっかり伝えた上で聞く姿勢を持った方が、相手の本音をちゃんと聞けるものですよ。

51 うまく聞ける人は期待を伝える！

第7章

聞き上手の考え方

52 うまく聞ける人はフラットに聞き、聞けていない人は決めつけながら聞く。

「人は思い込みの生き物」だと言われています。

「ああだろう」「こうだろう」「こうなるはず」「そうあるべき」。

私たちの思考はそういう曖昧さが多くを占めていて、そのほとんどが思い込みから生まれていると言えます。

たとえば、私の通っていた中学校は、一時期大変荒れていて、その当時は近くの中学校とのケンカや揉めごとが絶えなかったそうです。

ただ、私が入学したころにはだいぶ落ち着いており、私も含めほとんどの生徒が、他の学校の生徒たちと変わらず穏やかな中学校生活を過ごしていました。

ところが、荒れていた印象というのはそうすぐに変わるものではなく、周辺ではその中学校出身だというだけで、相手の顔色が少し変わるようなことは少なくありませんでした。一番よく聞かれたのが「ということは、あなたも不良だったの……？」です。

こういった、無意識の思い込みは「**アンコンシャスバイアス**」と呼ばれています。

先の例は、その中でも、特定の集団やグループに対して偏った見方や考え方を持つ「ステレオタイプ」と言われています。

血液型や出身地、兄弟構成や親の職業などから、勝手な思い込みというのは自然に生まれていますよね。

A型は几帳面、関西人は面白い、末っ子は甘えん坊、親が弁護士や教師の人は勉強好き、など根拠のないイメージは挙げればキリがありません。

思い込みは決めつけを生み、視野を狭めてしまいます。最初に「この人はこうに違いない」と思うと、それを確定させたくてその部分しか見ないようになってしまうからです。

こういう現象を「確証バイアス」と言います。

「確証バイアス」とは、自分が持っている先入観や思い込みを正当化するために、自分にとって都合のいい情報にばかり目を向け、集めてしまう心理現象です。

「几帳面」だと確証を得たいから、その人の几帳面な面ばかりを見て、大雑把な部分は見ないようにする。「甘えん坊」だと確証を得たいから、その人が甘えた行動をした部分だけを見て、しっかりしているところは見ないようにする。このようなことが無意識に起こるのです。

これが、いかに人の話を聞くことの邪魔をするかは、想像に難くないですよね。

思い込みや決めつけが強いと、相手が言っていることのうち、自分にとって都合のいい部分、聞きたい部分にしか耳を傾けないという状態になりやすいです。

これでは、きちんと聞いているとは到底言えません。

うまく聞ける人は、こういった思い込みを極力排除することを意識しています。

排除するといっても、思い込まないようにするということではありません。

というのも、思い込みは、自ら意図的に生み出しているものというより、自然に生まれてくるものだからです。最初から思い込みを生まないということは大変困難なのです。

そのため、**聞ける人は、思い込みに〝気付いて疑う〟**ようにしています。

ふとよぎった相手に対するイメージや考えに対して、そのまま正当化するのではなく、「でもそうではないかもしれない」とつねに加えているということです。

「でもそうではないかも」と考えることで、違う見方をする余裕を持ち、偏りのないまっすぐでフラットな見方を意識して保っています。「そうである」可能性と同じくらい、「そうでない」可能性もあることを、心の片隅に持っておくようにしたいですね。

52
うまく聞ける人はフラットに相手を見る！

53 うまく聞ける人は意見の違いを喜び、聞けていない人は意見の違いを嘆く。

「三者三様」「十人十色」なんて言葉があるように、人はみんな違う生き物。価値観ものの見方も捉え方も、似たものはあれどもまったく同じということはほとんどなく、違っているのが当たり前です。

ただ、頭では分かっていても、つい〝同じ〟であることが正解だと思ってしまったり、求めてしまったりするものですよね。

違っているのが当たり前の前提であれば、「そんなのおかしい」「そちらが間違っている」といった言葉は生まれてこないはずですが、老若男女問わず、頻繁に口にしています。

違うことが前提なのに、そこに白黒つけようとしても、結論が出るはずはありません。違いを前にして、お互いに一歩も引かずにいれば、そのぶつかり合いはどんどん激しさを増していくだけです。

違いが戦いになる理由は、それを嘆いたり悲しんだりするからではないでしょうか。違いがあるのを残念で悲しいことだと思うがゆえに、なんとか自分と同じにしようと躍起になりますが、相手も同じような想いで反発してぶつかってくるので、争いや戦いになっていくのです。

うまく聞ける人は、違いがあることを嘆くよりもむしろ喜び、楽しんでいます。違う意見が聞けることを期待して人と関わっているようなところすらあります。ですから、「面白い」「興味深い」「その観点はなかった」「そういう見方もできるんだね」といったような、違いを肯定的に受け止める言葉が自然に出てきます。

反対に聞けていない人は、違いを認めることができず、すぐに反発してしまいます。

そのため、よく使う言葉も、先の「おかしい」「間違っている」といった言葉をはじめ、「理解できない」「意味が分からない」「話にならない」「そういう考え方は嫌い」といった、否定・拒絶の言い方です。違いは間違いだと切り捨ててしまうので、そのまま相手との関係も切れてしまうようなことも起こりがちです。

インド発祥の寓話にこんな話があります。

6人の目が不自由な人が、初めて象に触れました。その感想について、それぞれが次のように言いはり、お互い自分が正しいと譲りませんでした。

足を触った人「木の幹のような生き物だった」
尻尾を触った人「綱のような生き物だった」
鼻を触った人「蛇のような生き物だった」
耳に触った人「扇のような生き物だった」
胴に触った人「壁のような生き物だった」
牙に触った人「槍のような生き物だった」

53 うまく聞ける人は違いを認めて、楽しむ！

みんな違うことを言っていますが、どれも正解ですよね。どこを触っているかが違っているため、全員言っていることは正しいのです。

自分が見ている世界、知っていることというのは思っている以上に狭いものです。そこに固執していると、視野がそれ以上広がることはありません。

自分だけでは考えもつかなかったようなアイデア、思いもよらなかった視点、それを教えてくれるのは自分ではない他の人なのです。

違いを楽しむことは自分の世界を広げること、そう考えると違いもありがたいものに思えてきませんか？

54

うまく
聞ける人は相手の発言の背景も受け取り、
聞けていない人は言葉だけを受け取る。

発言において、実際に言葉にされているのはほんの一部分であり、すべてが言葉で表現されているとは限りません。

たった一言であっても、そこには様々な感情や意味が込められているものです。

場合によっては、本当の気持ちと口にした言葉が真逆なこともあります。

たとえば、「楽しかった」と言っているときに、〝何が〟ということは具体的に言葉にされないことも多いですよね。

「(あなたと過ごせて)楽しかった」と言っているのかもしれませんし、

「(意外なことが起きて)楽しかった」という意味かもしれません。

他にも、「別に気にしてないよ」と口では言っていても、実際はものすごく気にしているなんていうことも少なくありません。

うまく聞ける人は、「すべてが言葉にされているとは限らない」という前提で相手の話を聞いています。ですから、相手の発言をそのまま鵜呑みにしたり、言葉上の意味だけで分かったつもりになったりしないよう心がけているのです。

働き始めたばかりのころ、上司に「急ぎではないけれど」という言葉とともに仕事を頼まれたことがあります。

私はそのまま「急ぎじゃないなら後でいいか」と思い、後回しにした結果、そのまま翌日になってしまいました。

すると朝礼前に上司がやってきて、「頼んだことはどうなった？　いつまで待たせるんだ」とイライラした様子で言いました。（急ぎじゃないって言ってたじゃない）と内心思いましたが、（言葉とはうらはらに、実はすぐに必要だったのだ）とそのときようやく気付きました。

その上司は私を気遣って、「急ぎじゃないけれど」と言ったのでしょう。

そこに意地悪な気持ちや悪意があったわけではないのは確かです。一瞬腹立たしい気持ちも湧きましたが、よく考えてみれば、私も相手の言葉しか受け取っていなかったよなぁと反省したのを覚えています。

その後上司も「説明が足りずに申し訳なかった」と言ってくれたので、それが心のしこりになるようなことはありませんでした。

文脈でやり取りをすることを好み、〝察する〟ことを大切にする日本の文化においては特に、〝本当の気持ち〟というのは実は言葉にされていないことの方が多いものです。

本当は好きなのに「嫌い」と言っていたり、本当はほしいのに「いらない」と言っていたりするような経験を持つ方は少なくないのではないでしょうか。

だからこそ、言葉をただそのまま受け取るか、そこに込められた背景や状況、想いや感情などを含めて受け取るかというのが、コミュニケーションの質に大きな違いを生み出すと言えます。

相手の言葉だけを受け取っていると、誤解や勘違いが格段に生まれやすくなるからです。

そういった感覚を磨くためには、**「なぜ?」と考える隙間をつくっておく**のがおすすめです。相手の発言に対して、「なぜそう言ったのだろう?」「なぜ今伝えてきたのだろう?」「なぜ私に言ったのだろう?」といったような角度から見るということです。

先ほどの「急ぎじゃないけれど」と言われたら、「なぜわざわざそう言うのだろう?」「急ぎじゃないなら、なぜ今頼むのだろう?」「なぜ他の人ではなく私なのだろう?」といったことを考えるだけでも、見えてくるものや受け止め方が違ってきます。

もちろんそこで浮かぶ考えがつねに正しいとは限りませんが、少なくとも言葉にされていないことに意識を向けることは、できるようになっていきますよ。

54
うまく聞ける人は背景を受け取る!

55

うまく聞ける人は自分の心の声も聞き、聞けていない人は相手の声だけを聞く。

一生懸命聞くことは、もちろん大切なことです。しかし、真剣になりすぎて神経をすり減らし、聞きながら疲れる一方では、会話は楽しくなく、いい状態とは言えません。

そんなことが続けば、人の話を聞く＝辛いこととなってしまい、聞くことを避けるために人との関わりを避けるなんてことにもなりかねませんよね。

聞くことに疲労を感じる人がなぜ疲れるかというと、「余計な力」を入れすぎているからです。

肩に力が入りすぎると酷い肩こりになるように、耳や頭も身体の一部ですから、余計な力がかかることが続くと、疲労感が生まれるのです。

具体的にいうと、疲れやすい人は頭のどこかでいつもこんな風に思っています。

「きちんと理解しなければ」

「うまく返さなければ」

「盛り上げなければ」

中でももっとも強力なのが**「きちんと聞かなければ」**という考えです。


もちろん、きちんと聞くためには、全神経を相手に向けて固定しておいた方がいいでしょう。すべてにおいて相手を大事にすることでもあり、聞き方のお手本のような状態です。

でも、それはあくまでも〝楽しんでやる〟ことが前提です。〝無理してやる〟ことではありません。


うまく聞ける人は案外、必要以上に全神経を張り詰めてまで「きちんと聞かなければ」とは思っておらず、力を抜くときは適度に抜きながら聞いていたりします。

たとえば、ちょっと疲れてきたら「あ、そういえば」とそっと話題を変えたり、話題の切れ目に「一本だけメールの返信をしてもいい？」とあえてスマホを取り出したり、疲れを感じたら「ちょっと失礼」とお手洗いに立って手を洗って一呼吸ついたり、ということを、さりげなく取り入れているものです。

聞ける人は、相手の言葉を聞くのと同様に、自分の心の声もちゃんと聞いています。疲労を感じながら相手の話に集中することが不可能だということを理解しているからこそ、自分の「疲れてきた」という感覚もちゃんと聞き、休憩を挟んであげるようなイメージです。

話し手の感情の影響をダイレクトに受けて、疲れてしまう人もいます。

喜びや楽しさといった感情ならまだいいのですが、怒りや悲しみなどの感情の影響力はことさら強く、真正面から受け止めるとダメージを受けることもあります。

たとえば、激しく怒っている人の話を聞いていると、自分が怒られているような気分になって苦しくなったり、悲しみに暮れている人の話を聞いていると、つられて涙が止まらなくなったりという具合です。

話し手の感情に共感することが悪いわけではないのですが、同感しすぎると振り回されて疲れてしまいます。

相手の感情に影響を受けやすい人は、〝眺めるように聞く〟という意識を持ってみましょう。眺めるというのは、たとえば怒りをぶちまけているような人がいたら、真正面に立って受け止めるのではなく、少し身体を斜めにずらすイメージで、「すごく怒っているんだな」「とても腹が立ったんだな」と観察しながら聞くのです。31項でお伝えした、「テレビの向こうの人」というイメージもおすすめです。

何を言ってあげようかと悩むより、「そうなんだね」と受け止めてあげればいいだけのことも多いものです。相手の感情と行動を観察しながら、「そっか」と受け止める。これだけでも十分聞けています。

力を抜いた方がうまく聞けるということもあるものですよ。

55 うまく聞ける人は上手に力を抜く！

おわりに

最後までお読みくださり、本当にありがとうございます。

コミュニケーションの基本は、発信と受信です。

会話は「話す」と「聞く」が両方あってはじめて成立します。そんなことを頭では理解しつつも、私たちはつい「話す」ことに夢中で「聞く」ことを疎かにしてしまいがちです。その理由の一つは「聞いているつもり」になることが簡単にできてしまうからなのかもしれませんね。

極端な話、まったく違うことを考えながらでも、とりあえず形だけ頷いたり相槌を打ったりということはできてしまいます。相手の言っていることがいまいち分かっていなくても、さも分かっているかのような素振りを見せることはできるのです。

けれども、コミュニケーションの本来の目的は〝相互理解〟です。

そのために交わされるのは「言葉」だけではなく、想いや考えといった「心」であると言えます。形だけのスキルやテクニックをどんなに駆使しても、表面的な言葉のやり取りしかできません。

しっかり「聞く」ことは、一歩進んだ人間関係を支える土台作りに必要不可欠です。本書にはその実現のために、今日からすぐできるヒントをまとめました。「聞く」ことの大切さを改めて感じていただき、何か一つでも、日々の生活に取り入れるきっかけになれていたら本当に嬉しく思います。

古代ギリシャの哲学者エピクテトスは、『語録』の中で、「私たちには2つの耳と1つの口がある。それは多く聞いて少なく話すためである」と述べています。「話す」以上に「聞く」ことにしっかり意識を持つことこそが、コミュニケーションのスタートなのではないでしょうか。

「聞く」ことをもっと楽しむことは、コミュニケーションや人間関係をさらに楽しくよいものにしてくれます。本書をそのためにお役立ていただければ幸いです。

最後に、本書を執筆するにあたって、たくさんの方々のご協力をいただいたことを、この場を借りて深く感謝申し上げます。

特に、明日香出版社の竹内博香さんには、企画の立案から校正まで大変お世話になりました。竹内さんの〝聞く力〟と細やかな心遣いに支えられ、たくさんのことを引き出していただき、本書を書き上げることができました。本当にありがとうございました。

また、いつも応援してくださる皆さま、取引先の方々、講師仲間の皆さん、著者仲間の皆さんにも改めて心より感謝申し上げます。執筆に集中できるようにと様々な角度から支えてくれた家族には、本当にありがとうの気持ちでいっぱいです。

何より本書を手に取ってくださったあなたに、心からの感謝を申し上げます。たくさんの本の中から選んでくださったご縁をとてもありがたく、そして嬉しく思います。

最後までお付き合いくださり、本当にありがとうございました。

山本衣奈子

【ご案内】

講演・研修・執筆・取材のご相談など、お気軽にお問い合わせください

◆主なテーマ◆

・“伝える”から“伝わる”へ
～相手のココロを動かすコミュニケーション術～

・言いたいことをきちんと伝える“言葉の整理術”

・相手の心を掴み動かす表現術
～「伝わる」プレゼンの極意～

・今日から使えるセルフマネジメント術
～心を楽にするストレスマネジメント～

◆お問い合わせ◆

・メール：　info@e-comworks.co.jp
・ＨＰ（お問い合わせフォーム）
https://e-comworks.co.jp/contact

◆各種情報（講演・研修概要・各種 SNS 等）はＨＰにてご案内しております◆

・ＨＰ：https://e-comworks.co.jp

※これらのサービスは、予告なく終了することがあります。

著者
山本衣奈子（やまもと・えなこ）
E-ComWorks 株式会社代表
産業カウンセラー、認定心理士、伝わる表現アドバイザー
高校時代から演劇に没頭し、大学在学中にロンドン大学に演劇留学。演劇を通して、人間心理や会話を通じたコミュニケーションのあり方に深い興味を抱くようになる。卒業後はサービス業から接客、受付、営業、秘書、クレーム応対等の業務にて 30 社以上に勤務。発信力を認められてプレゼンテーションの中心役を担ったり、傾聴力を買われてクレーム応対の前線を担当したりといった経験を重ね、様々な現場で身につけた伝える力と聞く力を駆使し、「もっと分かり合えるコミュニケーション」方法を確立。2010 年に独立し、講師として全国に伝え続けている。年間 180 回近い企業研修・講演を行う現在、総受講者数は 5 万人を超え、そのリピート率は、業界屈指の 8 割を誇る。
講演や研修だけでなく、カウンセラーや相談役として人の話を聴き相手の心に寄り添う活動も数多く行っている。その傾聴力は各業界でも高く評価され、著名人やスポーツ選手との対談も多数担当、指名で依頼される MC としても活躍中。
著書に、『「気がきく人」と「気がきかない人」の習慣』（明日香出版社）、『「言ってしまった」「やってしまった」をリカバリーするコツ』（日本実業出版社）がある。

うまく「聞ける人」と「聞けていない人」の習慣
2025 年 1 月 17 日 初版発行

著者 山本衣奈子
発行者 石野栄一
発行 明日香出版社
〒 112-0005 東京都文京区水道 2-11-5
電話 03-5395-7650
https://www.asuka-g.co.jp
デザイン 菊池祐
組版 野中賢 / 安田浩也（システムタンク）
校正 鷗来堂
印刷・製本 中央精版印刷株式会社

ISBN 978-4-7569 -2373-8